U0050521

圖解 行為學與讀心術

\ 嘴巴說不要，身體很誠實 /

《圖解 人資都在看的讀心術》修訂版
十力文化/冠誠 編著

如何讀心？如何識人？

前言

本書將透過許多案例解析來向讀者們分享行為學讀心術，書中傳遞的各種資訊，能夠讓你快速學會如何讀心，如何識人。

人們常說，人心險惡、社會複雜，想要在社會中與人建立長久而穩定的關係，首先要能夠讀懂他人真實的想法，同時看清周圍的環境。惟有如此，才能在這人心不古的社會中，保護好自己、避免受到傷害。

對於必須面對各式各樣罪犯的警務人員來說，人心更是一本最艱難的書。想讀懂人心這本書，就要做很多的「功課」，因此，學習成了讀懂人心的一個重要的途徑。人是群居動物，人與人之間的交流仍是不可避免的。隨著越來越發達的科技，人際互動的空間距離愈來愈短，想見面時，有火車、飛機、高鐵、捷運；無法見面時，也有手機、臉書、視訊、簡訊可以聯繫。儘管通訊更便利，但人與人的心理距離好似變得越來越遠了，這種看似很近，實際很遠的距離感，就是彼此互不信任、互不理解、互相戒備所造成的。

哪怕是最親近、最熟悉的人之間，也有可能出現讓你意想不到的狀況，比如情人突然移情別戀、朋友背後陷害……人們每次遇到這樣的情況時，總是會感慨人心難測、世事難料。

的確，在人際交往中，常常遇到這樣的問題：明明就是拜把的兄弟，卻會在你最需要他的時候，給你致命的一擊；明明是可以信賴的老朋友，卻會在你把重要的事情託付給他之後，給你來個不告而別。造成這種現象的原因，和對方的不誠信固然有很大關係，但是無法否認我們自己也負有識人不清的責任。在與人交往過程中，只要我們用心觀察、仔細思考，不被所謂的「友情」、「愛情」等

迷惑，就能夠透過許多現象，看出一個人的本質。

透過這本書，我們要學習的是對一個人產生清晰而正確的認識，換言之，就是在看到相貌、聽到聲音、瞭解作為的同時，就能夠瞭解他的內心真實的想法，這也就是我們常說的「讀心術」。

「讀心術」並不是一項多麼高深神秘的技能，只要經過一定的學習和訓練與觀察，普通人也能成為讀心術的行家。在讀心術這個領域，運用的最為出色的就是美國FBI（Federal Bureau of Investigation，聯邦調查局），世人在聽到FBI的時候第一反應就是神秘，他們破解的案子，很多都是為別人所不能理解的。但是他們總是能通過自己的方式來讓犯罪嫌疑人交待罪行。其中很大程度上得益於他們的研究。

大多數的警政單位都有專門研究犯罪心理學的部門，通過各個面向，從頭部的髮型到腳上的鞋子，從外表服裝到肢體語言，用他們的經驗和研究，形成了一套完整的行為科學讀心術。而在本書中，我們即將透過許多辦案事例的解析，來分享讀心術。書中傳遞出的各種資訊，能夠讓一個人快速學會如何讀心，如何識人。

目次

Chapter

3 通過語言觀察人心

Chapter

4 解讀他人的興趣

Chapter

5　解讀他人的處世哲學

Chapter

6　閱讀身體外部語言

10 環境心理學

1

什麼是讀心術？

　　《Lie to me》是一部描述心理學的美國電視影集，劇中主角利用臉部動作編碼系統（Facial Action Coding System）分析受試者的肢體語言和微表情，進而提供客戶受試者是否說謊的分析報告，其中運用最多的就是讀心術。

　　隨著科學技術的發展，心理學與行為學越來越受到人們的信任與重視，而且在很長一段時間內引起了一陣熱潮，更多人熱衷於透過肢體語言去發掘對方隱藏的資訊。但讀心術到底是什麼？是行為學還是心理學？還是閱讀人心的新技術？讓我們先來瞭解「讀心術」到底是什麼。

讀心術的歷史

行為心理學是一門誕生於19世紀末的現代科學，它是用科學的方法來研究人類的心理與行為。

讀心術的歷史由來已久，在過去，讀心術往往會使用一定的道具，例如水晶球、鏡子等，在電視、電影中經常會出現。直到現在，人們還可能耳聞或目睹一些所謂古老神奇的讀心術，不過多半是一些借用讀心術的名義來吸引人們注意的小把戲。

行為心理學則是一門誕生於19世紀末的現代科學，是用科學的方法來研究人類心理與行為的學問。本質上，科學的心理學與作為「巫術」的讀心術完全不同。但是，**隨著科學的發展，讀心術也被賦予了新的意義和內容**；也可以說，現代的讀心術與古代的「巫術」同被稱為讀心術的原因，是他們有著一個共同的目標——瞭解對方真實的想法。

在超過一個世紀的科學研究後，行為心理學發展出許多透過觀察、生理測量、心理測驗等方法和技術來解讀人們心中真實的想法。簡單來說，就是**透過一個人的動作、眼神以及身體和展露出來的情緒變化等**，來觀測一個人內心的變化。

在許多重視心理學的國家，以行為心理學為基礎的讀心術研究已經成了系統化的科學，且備受重視。而且，具備超強讀心術能力的行為心理諮詢師已在刑事、商業、娛樂等行業大顯身手。

讀心術是以行為心理學為基礎，而且科技發展的日益成熟更為讀心術增添了更多的保證，例如隨時代演變發展的科學技術儀器，能以科學的手段閱讀人們的心理。可以說，在行為心理學的最新發展中，行為心理學家與神經科學家、資訊科學家等，甚至於目前廣泛使用的AI（人工

透過行為觀察來瞭解人內心的變化

智慧）、大數據、雲端技術等都試圖找到能夠更為精確地把握人類心靈真實面目的方法。

　　例如，目前警方與調查單位辦案時，測謊器已經成為有力的協助工具，此外還有分析腦波的儀器、大數據分析人們的消費及購物、閱讀習慣甚至政黨傾向等，都是運用心理學的研究成果所研發出來的工具。它們能夠透過研究人體的生理結構，記錄各種體內數值的變化，讓研究人員獲取嫌犯的心智狀況、性格類型等資訊。

閱讀大腦的技術

在使用大腦掃描儀器的實驗中，研究人員能夠準確猜測出受試者腦中所想的事物，準確率高達80%左右。

在經過了多年的研究和試驗之後，目前已經研究出能夠用來「閱讀」大腦的技術，是借助一種大腦掃描器來達成的。在利用大腦掃描器的實驗中，研究人員能夠準確猜測出受試者腦中所想的事物，準確率高達80%左右。這個專案研究的成功，同時也為讀心術帶來了更進一步的發展。實驗的結果充分地向世人證明：人類的大腦是能夠被閱讀的。換言之，就是人類的心理是能夠被閱讀的。

實驗研究人員所使用的大腦掃描器是功能性磁振造影（Functional Magnetic Resonance Imaging，fMRI），目前已普遍應用於醫療中。展示研究成果的時候，研究人員掃描了6名受試者的大腦。在掃描前，研究小組的領導人、美國范德比大學的斯蒂芬妮·哈里森（Stephanie Harrison）博士先將兩個不同的圖案展示在電腦螢幕上，其中一個圖案是條紋構成的圓，條紋近乎水平；另一個圖案是由接近垂直的條紋構成的圓。

圖案出現時，受試者大腦的不同區域被啟動，兩個圖案在受試者腦中產生的印象也不相同。所有人都看過之後，研究人員要求受試者回憶其中一個圖案，然後對受試者的大腦進行掃描。根據美國自然雜誌《Nature》的報導，透過掃描觀察到的大腦活動形態，科學家得以準確判斷出受試者所回憶的是哪一個圓。哈里森表示：「這種掃描器的準確率大大超過50%，對6名受試者進行的實驗結果可以證明，這種讀心術非常可靠。」

在2008年進行的另一項單獨研究中，加州的科學家要求受試者觀看1750幅圖片，然後利用fMRI預測他們所想的是哪一幅圖片，結果成功率

解析大腦的活動嚴重侵犯隱私權

高達90%。首席研究員傑克‧加蘭特（Jack Gallant）博士當時警告說：「解析大腦的活動可能引發嚴重的道德和隱私權問題。我們認為任何人都無權私自、並在沒有徵得對方同意的情況下，施展任何形式的讀心術。」

　　當然，這種以機器為工具使用的讀心術，在某種程度上是侵犯他人隱私的，但是在當今社會，透過對人的觀察瞭解他人性格和內心的讀心術確實不可少。到目前為止，讀心術已廣泛應用於偵查、教育、醫療、管理等領域。但值得注意的是，藉由人體的感官感覺到的資訊來解讀人類內心，實際上還帶有一定意義上的統計學意味，它的結論對大多數人是準的，但不能保證對某些特殊的人百分之百準確，這個就極需個人根據自己的能力解讀了。

讀心術的應用①

預防犯罪

讀心術的目的不只在解讀犯罪行為，而且更側重於犯罪預防，並且對普通人的解讀比一般的行為心理學家更為精準而詳細。

在警方辦案的過程中，偵辦單位會充分利用讀心術。這主要是由於在他們對犯罪嫌疑人的審訊和案件的取證過程中，**運用讀心術可以及時發現犯罪嫌疑人的內心變化和隱瞞的資訊，並迅速做出相對應的判斷，找出解決問題的方法。**在讀心術運用方面，偵辦人員都經過嚴格訓練，他們認為從心理角度來分析案件，不僅可以迅速逮捕犯罪嫌疑人，也可以提高破案的準確率，這有效提高了他們的工作效率，更捍衛了國家司法的權威性。

探員在訓練過程中對心理學方面的認識和學習非常重要。每破獲一個案件之後，他們都會把該案件作為教材，針對犯罪嫌疑人的心理進行研究，為以後的案件偵查取得更多的方法和經驗。不僅是應該以讀心術解讀犯罪嫌疑人和一些案件關係人，對於一般人也應該使用讀心術加以解讀，以達到預防犯罪的目的。前文說過，警方會仔細解讀所破獲案件的犯罪嫌疑人之心理，而多年來，**犯罪心理學者透過研究犯罪嫌疑人行為和心理，形成了一套與犯罪心理有關的犯罪心理學。**結果指出，犯人之所以犯罪，必定有一定的犯罪動機。犯人也是人，他們並不會無緣無故地犯罪，他們有可能因為對社會不滿，或是不滿現狀，甚至有可能是遇上無法控制情緒的事件。換言之，如果遇到他們所處的情況，誰也無法保證自己一定能夠理性處理，遠離犯罪。

以下列的案件為例：

　　一位平民射殺了一名高階公務員，並且當場就被逮捕了。偵訊的時候，這名罪犯的臉上始終是一種氣憤難當的表情，而且一聽

讀心術的應用層面

到公務員就咬牙切齒，但不管探員問他什麼問題，都不動聲色、保持沉默。沒有回答任何問題，他的犯罪動機更是無從知曉。

於是犯罪心理學家從心理學的角度對這名罪犯進行分析，解讀這名犯罪者的表情，認為他的憤怒跟犯罪行為有著不可分割的聯繫。作為一名普通人，與公務員打交道的機會其實不多，於是開始調查這名罪犯的背景，發現這名罪犯曾是一名銀行行員，由於業務上的過失而遭到遣職。失業後一直找不到合適的工作，最後他找上了社福單位，希望能夠協助安排工作，以緩解自己的生活壓力。但相關單位一直以沒有合適的職缺來推諉，多次詢問後該單位又將責任推給了另一位高階主管，也就是被害人。但結果並沒有改善，這名罪犯已經不得不面臨露宿街頭的絕境，於是這名罪犯再一次被拒絕後，便守在該機關大門外，等到被害人出了大樓後犯罪。

探員將瞭解到的情況陳述給罪犯聽時，他的情緒更加激動，聽到探員推測殺人的動機之後，他猛地站起來，揮舞著拳頭大聲喊著那人該死，自己是被逼的。然後又頹然坐了下來，雙手捂住了臉龐。此案件結果公布後，該單位內部進行了整頓並調整相關的工作流程，以期減少類似案件的發生。

該案件顯示讀心術的目的不只在解讀犯罪行為，而且更側重於預防犯罪。當然，這並不代表偵辦單位不瞭解普通人，恰恰相反，他們對於普通人的解讀比一般的行為心理學家更為精準而詳細。

如何助人？

讀心術應用到生活中時，適用範圍就更大了，不僅可以解讀他人，更重要的是還可以解讀自我。

　　讀心術，在日常生活的應用就更大了，不僅可用於解讀他人，更重要的是還可以解讀自我。許多研究讀心術的人認為，在辦案過程中總結出來的經驗和犯罪心理學家們努力研究的犯罪心理學的結果，不僅是能夠對他人心理的一種準確解讀辦法，更可以用於人們自身，有著解讀自我，甚至療癒自我的作用。

　　人們心中多少都有著不為人知的祕密，這些不願意他人瞭解的祕密多以外表掩飾，避免別人的猜測，有時甚至連本人都無意識地隱藏一些事，也就是潛意識的隱藏。所以，如果不想因無法看出自己的內心深處而徒留許多遺憾，那就很有必要研究一下讀心術。

　　讀心術自我療癒的功能也經常體現在心理治療中，心理醫師會運用讀心術來為一些有著心理疾病的人進行治療；有的時候則是為了案件的順利進行，人基本上還是有自醒感悟的願望和能力，只是苦於找不到那把鑰匙，於是，利用讀心術，讓他們能夠分析自己行為所代表的意義，瞭解自己。這種運用讀心術的自我行為分析，包括形體動作、語言、表情、言語變化、情緒變化、談話的邏輯性、眼神等方面，都可以用來推測自己的心態。

　　讀懂自己，分析自己和他人說話的過程，什麼時候是客套話、假話和違心的話，為什麼會這樣說？還有什麼時候會表現出興奮或者低迷狀態？為什麼下意識地迴避某些話題？為什麼更願意談論某些話題？以及習慣的小動作代表的含意等，進而能發現自己潛意識裡的很多祕密。這種情況，可用古人所說的「授人以魚，不如授人以漁」來解釋。

臉部是散發最多資訊的地方

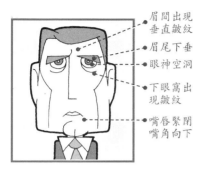

眉間出現
垂直皺紋

眉尾下垂

眼神空洞

下眼窩出
現皺紋

嘴唇緊閉
嘴角向下

難過、傷心

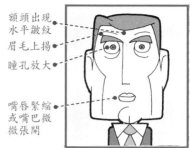

額頭出現
水平皺紋

眉毛上揚

瞳孔放大

嘴唇緊縮
或嘴巴微
微張開

驚訝、意外

　　另外，不管讀心術被誰所運用，很關鍵的一點就是必須要解讀者自行來解讀，這種直接參與的方式，能讓讀心的辨識準確性更高。

　　總結上述，讀心術可以幫助以下兩種人：

①他人——毋庸置疑的，不管是犯罪嫌疑人的心理解讀，還是將心理學運用到生活中的普通人的解讀，他人是讀心術中不可缺少的客體，弄清楚別人在自己面前展現的動作和情緒變化所代表的意義，以及別人的肢體語言在無意識的狀態下所傳遞的資訊，都是很重要的。

②自己——這一點，需要懂得一定的讀心術，對於讀心術運用得越是嫻熟，越能準確而詳細地解讀自己。自己到底想要什麼？有什麼需求？而自己的潛意識又在說什麼？這是基於人類瞭解自己的需求。

趨吉避凶

讀心術就只是一門透過人的外在表現來探測其心理活動的學問，是認識自己、看透別人、看透人性的學問。

　　讀心術可以用來做什麼？識破犯罪嫌疑人的謊言，看破調查對象的偽裝，這些作用是無需贅言的。但是對一般人來說，讀心術又能用來做什麼呢？有人會說跟我們的生活沒什麼關係。事實真的如此嗎？

　　實際上，讀心術可以用來改變生活。人心是很奇妙的，人們在有意無意中做出的事情，無不帶著內心的真實意願，只有**讀對心、看對人，人際關係才會好**，生活也能過得好，大小事更能順順利利。很多時候，讀心術更是能用來幫人過上更好的生活。這是一門從人的外在表現來探測其心理活動的學問，是一門認識自己、看透別人、看透人性的學問。**透過讀心術，可從對方的長相、穿著打扮、言行舉止、眼神、小動作等各個蛛絲馬跡來解讀其性格和內心**。

　　例如，一個平常健談活潑的人，突然變得沉默寡言，這是什麼原因造成？又如一個人突然咬嘴唇、摸下巴，這些小動作又代表著什麼意義？和一個雙手抱臂的人講話，為什麼他會看起來那麼不耐煩？以上所牽涉的都是人無意識間對外界所傳遞的資訊，是用來解讀與他人更好相處的關鍵資訊。如果不懂得這些，那麼很可能就會導致一些不良的後果——失去一個朋友、一樁生意、一次機會，甚至失去已經到手的某些東西。沒有辦法把握這些細節，也就無法把握生活的真諦，永遠無法得到想要的成功。

　　或許有些人會覺得讀心術其實並不尊重他人的意志，但這更主要是教人變得更聰明、更懂人性，以及與人更好地相處，更不會被人利用於犯罪，畢竟它只用於觀察，而不像催眠那樣帶有控制人的性質。所以，對於讀心術的使用，幾乎是可以認為並無不良影響。

　　美國的思想家愛默生(Ralph W. Emerson)說：「人只有在獨處時最誠實，在他人面前都是虛偽粉飾的。」這意思是說只有自己一個人的時候不會刻意塑造自己的形象，也不會去欺騙人，而一旦有其他人出現，就會因環境改變而使自己的心理產生改變，既不對自己誠實，也無法對他人誠實。社會處處可見的詐欺、巧取豪奪、過河拆橋、落井下石等讓人懷疑人性的事情，誰都無法預知別人會怎麼對待自己，讀心術的使用正是為了避免這些狀況。

　　然而，讀懂人心並不是一件容易的事情，因為沒有人會傻傻地說出自己的所有想法，也沒有誠實到將真實想法寫在臉上的人。讀心術難在「快」和「準」。藉由各種細微的表現，瞬間掌握所有資訊，靠的就是「用心看」(望)、「用心聽」(聞)、「用心問」(問)、「用心想」(切)，還有毫不間斷地積累和學習。

　　畢竟不是每個人都能和專家一樣有那麼多的閱歷和實踐經驗。不過，再高明的演員也有露出馬腳的時候，只要擦亮眼睛，看破對方設置的陷阱也不是什麼難事。

　　在這個充滿各種陷阱，也洋溢著無數真心的世界，只有掌握了讀心的本領，才能「世事洞明、人情練達」，在複雜的人際關係中如魚得水、搶占先機。

讀心術的應用④

如何運用？

當一個人刻意去隱瞞某個資訊的時候，他會不自覺地去摸鼻子，而且一旦說謊了，這個人的鼻孔會些微撐大。

在與人相處的過程中，免不了要和許多人交流，但是這些人說的話是真是假，尤其是人所說的話和他的行為代表什麼意思，都是有著極其重要的作用。在這個過程中，借助讀心術來知悉他人隱瞞的資訊，或者是辨別話語的真實性，讀心術的有效性得到了極大的驗證。

主要有以下幾種使用讀心術的方法，可以用來獲得更多資訊：

①首先是溝通的時候，直接從話語中得出答案。一般來說，犯罪或說謊者都會有一種逃離的本能，他們不僅會離開現場，還會隱藏自己犯下的錯誤。當有人提到或詢問與其相關事件的時候，他們往往會顯得慌亂、緊張，且盡可能否認那些資訊。一般人很少能發現問題，他們或許無法察覺到有什麼反常。但是學過讀心術的人，卻能夠從話語和眼神等各種微反應中看出這個人是否撒謊。

例如一般人被問到個人資訊的時候，有的會出於自保而選擇隱瞞，但隱瞞的時候並不會出現害怕的情緒；如果觸及嫌疑人的姓名、住址等問題時，他們往往會出現身體瞬間緊繃的反應，這是害怕情緒的下意識反應。心理素質稍強的人，能夠在之後立刻放鬆，然後儘量輕鬆地回答問題；而心理素質稍弱一些的，則會產生畏懼感，而且說話的時候會語無倫次，眼神也會閃爍。在看到這樣的反應時，即使只是注意到對方瞬間緊繃身體，都可以用更有針對性的方法進行偵訊。

②當對象很狡猾的時候，除了仔細注意他的話語和身體反應，還可以採取一個小辦法，那就是每隔一段時間問同樣問題，然後觀察他每次回答的反應。當第一次問這個問題的時候，很可能對方已經有了準備，於是按照準備好的答案回答，不會有任何異常。經過一段時間，再換一

觀察與言語與行為衝突之處

個表達方式來詢問同樣的問題，重複幾次後，對方很有可能會因一時疏忽而說出真相，或者是大發雷霆。說出真相的人，自然可以好好地對他所說的話進行追蹤；而大發雷霆的，也能根據他們的神態，觀察是因為惱羞成怒還是不堪其擾，再進行下一步的調查。

此外，讓犯罪嫌疑人指認作案工具或案發現場的某樣物品時，他們都會矢口否認，而且有的時候會表現得非常煩躁和憤怒，事實上，矢口否認的真實性是急需查明的，而大發脾氣很可能是用生氣來掩飾自己的不安，都有待進一步的調查。也就是說，可以透過對犯罪嫌疑人的表情觀察得知他們內心的真實想法，這是讀心術的又一個運用方法。科學研究顯示：表情會隨著外部環境和人為因素的影響而改變。

更為奇特的是當一個人在說謊的時候，連鼻子都會有細微的變化。例如當某人刻意去隱瞞某個資訊的時候，他會不自覺地去摸鼻子；而且一旦說謊，鼻孔還會些微撐大。也有一些人撒謊的時候，鼻子會變紅，更明顯的就是有人的臉頰也會跟著變紅。

如何解除心防？

正在說謊或者試圖要說謊的人，他們的心裡一定會在開始謊言的前一刻先武裝起來。想要揭穿謊言的時候，把重點放在解除心防就行。

　　讀心術，最大的一個功能就是看穿對方的謊言。正在說謊或者試圖要說謊的人，他們的心裡一定會在開始謊言的前一刻先武裝起來。揭穿這個謊言的最大關鍵，就是除去他心理上的「武裝」，也就是心防。**解除對方的心防，是揭穿謊言最關鍵的步驟。**當你要揭穿謊言的時候，先不理會說話內容的真實性，把重點放在解除心防就行。那麼要進行哪些動作才能解除對方的心防？這裡總結了幾個步驟：

　　首先，要**讓對方產生安全感**。如果感覺對方是為了保護自己而說謊的話，就可以說：「說出實話，否則後果會更嚴重」、「說出來，不會有更壞的結果」。許多人在這樣的話語下，會認為已經不會有更壞的情況了，也不會因說實話產生不良後果而放鬆警戒，這時就較容易讓對方說出真相。請記住，要讓對方產生安全感，首先必須讓對方信任你，這樣才會對你說實話。對於套取真相，循循善誘比強硬逼供的手法更容易達到目的。但前提是我們必須做到讓對方覺得「我不應該對這個人說謊」才行。

　　還有一種技巧與前一個相反，就是裝扮成很容易上當的樣子，使對方放鬆戒心，認為自己說什麼都不會受到懷疑，這種情況下很容易讓人無意間說出心裡的話。換句話說，就是讓對方產生優越感，使他在得意忘形之際、沒有防備的狀態中露出馬腳。這種方法通常對極其傲慢不遜的人很有用。

　　其次，要**追根究底**。徹底挖掘真相，有時也能解除對方心中的武裝。假如對方仍有辯白的餘地，一定會堅持撒謊，因此只有被逼得走投無路時，才會自動解除心裡的武裝、說出實話。

讓對方保持放鬆並有安全感

另外，也可攻其不備，不給對方編謊言的機會。因為不管是多麼高明的說謊者，遇到突如其來的攻擊，也會驚慌失措，而這種反應自然就能讓人識破謊言，進而讓他說出真話。

因此，在詢問一個決定性的問題時，要注意不要急於馬上詢問對方主要項目，反而先問一些基本資訊，還有一些比較標準的問題，當發現對方暫時鬆懈心理防備的時候，突然提出主要問題，這是最有效的方法。

2

從外表看穿人心

　　多數的人都會忽略非語言行為，但不能否定它在溝通中所產生的重要作用。即使在語言交流大行其道的今天，非語言交流依然占據著非常大的比重。

　　4分鐘印象與刻版印象，是我們面對人生重大的機遇時，誰也不能忽視的影響，因為這可能是成敗的關鍵；4分鐘印象是互不認識的人們在初見面的時候，會形成對對方60～80％的初步印象，也就是人們常說的第一印象。

外表傳遞的訊息①

頭的正面

常言道相由心生，可知內在與外在相輔相成。人的頭型幾乎是一出生就已經固定，而傳統上將其分為九種基本類型。

古書「麻衣相法」曾提到：「相由心生，而頭為諸陽之尊，面為五行之宗，列百脈之靈居、通五臟之神路，惟三才（面之上、中、下三部分）之成象，定一生得失。」充分說明了頭部的重要性。五官端正的人，一般為人也很端正；而五官生得小氣狹窄的人，為人也極有可能凶酷、險詐；一個人如果頭面如滿月，那麼這個人也是八面玲瓏，四面圓通的。傳統上，依據頭型將人分為九種基本的類型：

四方形的頭型

這種頭型的特徵是額頭較方、下巴也方，連帶整個人的身體也有向方形發展的趨勢。這種類型常見於男人，女人出現的比例比較少。有這種頭型的人大多精力充沛、性格活潑、嚮往自由、喜歡冒險，常進行戶外運動，而且不喜歡受到拘束。比起跟人談論理論上的東西，他們更看重實際的效應，做事情比較有建設性。這種人一般都比較能夠吃苦，也不怕面對困難。但是這種人不太喜歡進行思考。屬於執行能力強，思維能力差的類型。

長方形的頭型

這種頭型就是窄而長，像長方形一樣。有這種頭型的人一般都擅長交際，對人友善和氣，態度溫和有禮。他們做事如果想達到某個目的，很少會動用武力，反而是用他的聰明智慧和外交手腕。但是有時候也因為過於圓滑溫和，缺乏一定的魄力和執行力，而且這種頭型的人一般都不善於理財。

圓形的頭型

頭型圓圓的就是這種人的特徵，大部分身型也跟著頭型一起圓，為

頭型正面的四種基本型態

四方形的頭型
・性格活潑
・有建設性
・執行力強
・思維較差

長方形的頭型
・擅長交際
・溫和有禮
・缺乏執行力
・多不擅理財

圓形的頭型
・八面玲瓏
・樂觀
・擅長管理
・辦事有效率

三角形的頭型
・有創造力
・足智多謀
・缺乏活力
・耐力較差

人也是四面圓通、八面玲瓏的，正好應了常說的「心寬體胖」。

圓形的人天性樂觀，對身邊的一切事務都感到安然和愜意，也因此這種人在別人眼裡永遠都是和氣有趣、和藹可親的。這種人擅長行政管理，是理財的天才。另一方面，這種人由於天性愛好享樂、貪吃愛睡，而且偏向懶惰，為了這些目標，辦起事情來意外的特別有效率。

三角形的頭型

有人把這種頭型叫做智慧型、理想型、藝術型。這種頭型的特徵是前額高而寬，下巴尖，頭型就像一個倒三角型。

這種人擅長思考、善於推理、富有創造力。而且這種人生性聰明、足智多謀。跟四方形頭型的人相反，此頭型的人更傾向於用腦工作，而不是做勞力工作。這種人一般較少參與戶外運動，因此體質較弱，看起來缺乏活力，身體沒什麼耐力、容易疲勞。

外表傳遞的訊息②

頭的側面

常言道相由心生，可知內在與外在相輔相成。人的頭型幾乎是一出生就已經固定，而傳統上將其分為九種基本類型。

凸出型

前額後傾、高鼻梁、唇部凸出、下巴短縮，側面呈凸出形狀就是這種頭型的主要特徵。這種頭型的人一般都很聰明，思維反應極快。善於觀察，富有創造力。但是卻有做事的時候只要求迅速完成的缺點，原因是有這種頭型人較缺乏耐心，而且較衝動暴躁。雖然頭腦聰明，但是有些時候由於性子太急面對事情欠缺考慮、說話很直、容易得罪人。

凹陷型

這種頭型跟凸出型相反，前額上端突出，眼、眉、鼻、唇等部位有些低陷，下巴突出，側面成凹狀。

這種頭型的人性格也跟凸出型的相反，可以用「慢」字來表示。不管是思想還是行動，都是慢吞吞、不急不躁的，而且做事謹慎不盲從、鎮靜不慌亂、理智不衝動、耐心極好。此外、對人對事態度緩和、能夠隨遇而安，但也因此少了創造力，而且有時有些固執己見、不切實際。

平直型

這種頭型是最為常見的一種頭型。前額、鼻子、嘴，還有下巴，都是直的，側面形成一條直線形狀。這種人的個性也介於凸出型與凹進型之間，性格也常趨向於中庸，頭腦和行動力也均為中等，有時候有些猶豫不決、優柔寡斷。

上凸下凹型

這個的特徵是前額後傾，眼、眉、鼻梁都較高，嘴唇短縮，下巴長

頭型側面的五種基本型態

凸出型
- 反應快
- 衝動暴躁
- 執行力強
- 易得罪人

凹陷型
- 謹慎
- 有耐性
- 固執
- 效率差

平直型
- 性格中庸
- 易猶豫
- 優柔寡斷

上凸下凹型
- 反應快
- 領袖型人才
- 容易專制
- 固執

上凹下凸型
- 行動派
- 易衝動
- 執行力強
- 不重實際

而突出。這種人思維較快，而且行動慎重、重實際、有魄力，是領袖型人才，但是也因為能力較強而較容易專制、固執。

上凹下凸型

　　與上凸下凹相反，它的特徵是前額上端突出，眼眉平坦，鼻子低，唇部突出，下巴短縮。這種人是不折不扣的行動派，一想到就會去實施，行動力極強、有衝勁。但是也因此難免有些輕率疏忽，常常事後後悔。這種人做事較不三思後行、不重實際、容易衝動，較缺乏領悟力與忍耐力，因此能成將才，卻成不了帥才。

……禿頭算哪一類？

女性的髮型

外表傳遞的訊息③

頭髮是人體一個很重要的組成部分，關係到人的整體形象，一個人的形象可以直接反映出他的性格特徵。

面對一個女人的時候，從對方的髮型就能判斷她的基本性格，然後採用不同的相處與溝通方式。如果一個女人有著飄逸的**過肩長直髮**，那麼這個女人應該是屬於清純可人型，內心淳樸、個性溫柔且善良。一般而言她們有著較好的人緣。

如果是過肩**波浪長髮**的女人，通常象徵其有著嚮往自由的心理，而且波浪的頭髮，也代表著她希望把自己打造得**充滿魅力**，她通常會很享受男性的追求。另外，這種女性對事業也是雄心勃勃的，對她們來說，事業的成功是提升魅力的籌碼。

而對於留著**長髮卻不常修飾**的女人來說，素顏是她的自然狀態。不化妝、不穿亮麗的服飾、不追趕潮流，所以對頭髮也不會花太多時間去整理。如果是以追求自然狀態為目標的話，這個女人通常會比較有內涵。但是也可能過於守舊，**缺乏創新精神**。

將長髮紮起來，會給人一種幹練豁達的感覺。對於這個女人而言，生活是極有規律的，且為人**處世非常嚴謹**。頑固且不喜變通也是她的一個特點，而且不管是誰，都很難讓她改變自己的決定。

除了長髮之外，也有很多女人喜歡把**頭髮剪短**，讓她們看起來精神爽朗、充滿朝氣。生活很有條理，做事情知道輕重緩急，主次分明，也是**短髮女人**的一個特徵。而且從乾淨俐落的短髮上就可以看出，這樣的女人做事也很幹練、爽快。

對於女人來說，不同的髮型體現著不同的性格，男人也一樣，不同的髮型也代表著不同的性格特徵。有些男人很隨便，很少去整修自己

女性髮型的幾種型態

我清純可人！

過肩長髮型

我閃閃動人！

波浪長髮型

隨遇而安就是我！

長髮不修飾型

別惹我！

紮起頭髮型

該多少就多少！

短髮主義型

的頭髮，大多數的時候都只是隨意剪短。反應到生活中的話，這些人比較不願意承認自己的錯誤。在性格上也相對會有些**懦弱**，會在他人的要求下做一些**違背本意**的事情。

當男人有著一頭簡潔卻又**精緻的短髮**時，這個男人通常具有強大的野心，他的生活通常很忙碌，但是工作起來卻很細緻。不過，一旦事與願違地遇到挫折，他們很容易會逃避，**較無責任心**。

如同女人一樣，有的男人很在意自己的髮型，會專門設計做造型，這種男人對流行趨勢很敏感，也很**在意自己的外在形象**，是現實主義人格的代表。通常會很**懂得隨機應變**，對命運和生活的態度都很**積極**，而且會根據客觀現實來改變自己，讓自己生活得更好。

相反地，有些男人以平頭或是光頭的造型出現。平頭顯得很霸氣，但也表示思想比較保守和傳統，會在意自己在別人面前是否有著良好的表現。與平頭類似，光頭也非常男性化，但如果不是為了吸引注意，或者想要保持神秘感的話，一般人很難接受這種造型。

還有一種看起來就粗獷的人，粗硬的頭髮加上**絡腮鬍**，鬍子和鬢髮連成一片。給人一種剽悍強壯的感覺，這種人的性格比較魯莽，而且**脾氣暴躁**，但為人非常豪爽，因為他們喜歡四處結交朋友。

外表傳遞的訊息④

臉型

後天養成的氣質，或者後天的習慣能夠讓臉型發生一些改變，與人的性格相互照應。而每個人的臉型都不盡相同。

①倒三角臉的人有豐富的想像力，但欠缺行動力

臉型像一個倒立的三角形，給人一種貧弱的感覺。喜愛浪漫，視夢想和理想為要事。**適合一些幕後的工作**，讓他們充分發揮想像力，制定出具有創意的方案和計畫，但不適合到舞台前執行他們制定的計畫——因為他們容易躊躇，缺少果斷的執行力。

②下巴尖而窄的人屬於現實派，在事業上成敗的機會都很大

這種臉型很容易和倒三角形混淆，這種人的特徵是腮部比較寬闊。但下巴處卻特別細窄。這種臉型所代表的是現實主義。與倒三角不同的是他們的**執行力相當優越**，認定一件事情可以堅定不移地去做，直到得出最後的結果。這種人成敗機會都很大，因為自我意識很強烈，不會顧忌太多，但做事的時候有些顧前不顧後。因此最後成功或失敗的比率都很大，成則登上頂峰，敗則一蹋糊塗。

③下巴寬闊的人是頭腦聰明的野心家，但人際關係較差

威風凜凜的方形臉，輪廓清晰，雙頰的部分特別寬廣。這種臉型的人頭腦優秀、聰明、能力強，因此大多屬於野心家，**擅長策劃**。如果女性擁有這種臉型的話，很可能不擅長處理家務，也不是一個能安於家庭的人，所以有不少即使結了婚，也還是工作重於家庭。

④方型臉的人，思維靈活而具有行動力

和下巴寬闊的臉型很接近，但是這種臉型卻更像一個正方形，臉的下部也向下凸出，頭蓋骨也更寬闊，人們常說的容貌大方，就是指這種臉型。這種臉型**頭腦靈活**，行動力卓越，為人處世心胸開闊。做事情的

六個主要的基本臉型

時候，充滿精力和幹勁，遇事不會慌張，能夠用理性思維進行分析。許多政治家、實業家或者氣質大方的明星都是這種臉型。此外，這樣的人也都具有很強的社交性和幽默感，很有人緣。這種臉型的人運氣一般都很好，在金錢和工作上都很順遂，不會受到過多的挫折。

⑤長方形臉的人有積極性但較不體貼

這種臉型的人，永遠都站在前頭，做著領導性的工作，有著不服輸的個性。做事的時候，總是要自己親自動手才能安心，就算別人已經做完的工作，也非得自己重新做一遍，過於要求別人，因此缺乏體貼，很容易得罪別人，人際關係欠佳。如果女性擁有這種臉型的話，就有著男子漢的豪爽性格，不會安安靜靜地待在家裡，工作的時候也不會向身邊的男性認輸，可以說是一個剛毅的女人。

⑥圓形臉的人性格溫和，有濫好人的嫌疑

通常這種臉型的人眼睛較為細小，鼻子雖不高挺但幅度寬廣，穩重而笑口常開，應了人們常說的「心寬體胖」。他們待人處事溫和，不會因小事而鬧情緒，是寬宏大量的人。這種臉型的人也大多屬於現實主義者，能安穩地度過挫折和困難，享受一個比較幸福的人生。這種人天生性格比較容易滿足，所以他們並沒有太大的野心。也由於心腸太軟的關係，很容易被他人利用。

臉型給他人的形象

事實也證明，通過臉型的觀察來判斷一個人的性格，是有著它不可剝奪的合理性。

美國前總統林肯曾說「人到了四十歲，就必須對自己的臉負責。」因為每個人的臉上，都深深刻印著自己的性格和人生。儘管臉型很多時候是天生的，但是也有話叫做「相由心生」，後天養成的氣質，或是習慣能夠讓臉型發生一些改變，與人的性格相互照應。每個人的臉型都不盡相同，但大致上可以分為圓、方、三角等三種，將人的臉型分為以下幾類，他們各自代表著不同的性格特徵。

心理學家們曾經做過一個測試，他們找了一些志願者，按照臉型分成幾個小組，然後對他們進行問答測試，並將回答進行分析和總結。

最後發現在這些人，臉型較為圓潤的人，對於一些問題的回答都更為隨和，而且想法也以和為主。於是，心理學家們又做了另一個試驗，他們讓這些人繼續分組，然後上街與人進行交流，交流的內容包括問路和搭訕。

結果發現，有著正方形臉型的人，總是能夠用最短的時間詢問出最合適的路線，而有著圓形臉的志願者，卻在問路方面有些迷糊，雖然他們總是能夠得到別人的指點，但是仍然很難找出最正確的路線，而且一般都耗時很長，但是人們對於他們的問路基本上都沒有拒絕。

然而，下巴尖尖窄窄倒三角臉型的志願者就明顯沒有這麼幸運了。這些人在問路的時候，路人總是會習慣性地看他們一眼，然後露出一些警惕的神色，擺手說自己不知道，並加速離開。當然，還是有些人願意停下來給他們指路，不過言語也是極其警惕，而且時不時盯著志願者，似乎時刻都在防備他們。

圓臉本身就有很大的優勢

　　然而在搭訕問題上，依舊是圓形臉有著極大的優勢，但是讓人意外的是，長方形臉型的人在這個階段被認為是最不擅長搭訕的人。圓形臉的人在想要與他人搭訕的時候，總是習慣性地先送上笑容，臉型上的圓潤使得人們在面對他們的時候，會不自主地卸下心理的防備，而戴上笑容的圓臉，更是顯得和藹可親，讓人察覺不到距離。也因此，他們在問路和搭訕中都能被人所接受。

　　而長方形臉型的志願者，他們在跟人搭訕的時候常常會有些措辭不當，而且給人一種咄咄逼人的感覺，因此不大受人喜歡。

　　分析表示，別人對這些志願者主動交際的反應，體現了不同臉型的人在人們眼中有著如何的印象，而事實也證明，通過對臉型的觀察來判斷一個人的性格，是有著它不可剝奪的合理性。

眼睛

眼睛是靈魂之窗，是人體中無法掩蓋情感的焦點，人的情緒很多時候都會反映在眼睛裡。

　　人們都說，眼睛是靈魂之窗，眼睛是人體中無法掩蓋情感的焦點，人的情緒很多時候都會反映在眼睛裡，哪怕只是一瞬間。所以，觀察人的眼睛，可以知道人的心理變化。同樣地，與人交談時要敢於和善地與別人目光接觸，這是一種禮貌，更重要的是眼睛能說話。

　　如果希望給對方較深的印象，眼睛凝視對方的時間就應該久一些，以表示自己的自信；如果想在和對方的爭辯中獲勝，那麼在對視的時候千萬不能把目光移開，以免對方覺得自己不堅定；如果不知道別人為什麼看自己時，那就需要稍微留意一下對方的目光，以便隨時採取對策；如果和對方交談時，對方漫不經心而且不時做出閉眼的動作時，那麼就應該及時停止談話，並隨機應變；而如果想在交往，特別是和陌生人的交往中獲取成功，那就要以期待的目光注視對方，並輔以淺淺的微笑和不卑不亢的態度，這是最常用的比較溫和且有效的方式。

　　人天生就會撒謊，而且有很多人撒謊的本領極高，幾乎無破綻可尋；但是事實上，**雖然嘴巴會說謊，但眼睛不會**，藉由觀察人的眼睛，便可以洞察這個人的心靈和心理。內心缺乏安全感的人，他們的眼睛常常是左右轉動，這充分說明了他們正處於一種不安的狀態中，而且經過大量實驗發現，這些人常常對於自己的言語和行為缺乏信心。這些人總是習慣自欺欺人，嚴重者甚至還有被害妄想症的可能。他們內心深處對一些特定的事物感到異常的恐慌和懼怕。也因此，在看見某些讓自己恐懼的事物時，他們總是顯得焦躁不安，而無法自控地做出一些事情。

　　眼睛給人一種冷冰冰的感覺的人大多也是冷酷無情的，對周圍的人事物大多都漠不關心、缺乏熱情。很多眼睛透露著冰涼的人只注意自己

最可能出賣你的就是眼睛

老兄！很精采嗎？等等換我看歐！

我只是賣養眼照片而已……

的利益得失，和自己的內心感受，在必要的時候，他們甚至可以置一切於不顧地保護自己。這種極度的自私常常是犯罪的最初心理。

小心瞳孔出賣你的思緒

學者曾經做過一個測試，是關於眼睛瞳孔的變化和心理變化的關係的有趣實驗。

把嬰兒、嬰兒母親、男子裸照、女子裸照、風景幻燈片分別發給受試者看，然後開始記錄他們的瞳孔變化。

這個實驗最初源於研究犯罪面相學的專家發現，人的瞳孔會根據光的強弱變化而收縮或者放大，具體說來，就是在光線足的地方瞳孔收縮，在光線不足的地方瞳孔放大。按同樣的道理，瞳孔應該也能根據興趣的大小放大或者縮小。

結果是：受試者中，男女都是在看到異性的裸照時瞳孔會明顯放大，比平常放大了20％；還有，在看到「嬰兒」、「嬰兒的母親」時，女性和有孩子的人瞳孔會明顯放大；看到風景照的時候，男性與女性的反應都很小，瞳孔也幾乎沒有變化。

外表傳遞的訊息⑦

眼球的移動模式

瞳孔的大小是由交感神經與副交感神經控制，並不能夠進行掩飾。因此，瞳孔的變化可以暴露一個人的意識。

由瞳孔的變化可以總結出，當人們看到感興趣的東西時，變化會非常明顯。這是因為瞳孔的大小是由交感神經與副交感神經控制，並不能夠進行掩飾。因此，瞳孔的變化在無意識中就可以暴露一個人的意識。所以，在跟他人說話時，仔細觀察一個人的眼睛變化，可以很準確地知道對方心理的一些變化。

一個眼睛總是不規則亂轉的人，可以視為不正經、不可信或心懷歹意的人。

很多人認為這種眼球不規則的亂轉只是一種眼睛的活動，並不能表示什麼，但這並不只是一種感覺。通過研究發現，眼睛總是不規則亂轉的人，在與人交談時，總是在心中盤算著惡作劇，甚至是預備設下圈套來利用、陷害別人。

事實證明，那些在談話時使自己的視線儘量避免與他人接觸的人，大多是心懷鬼胎、不安好心的。如果發現對方在說話的時候，眼神四處閃躲，不敢正面迎人，那麼就要對這種人說的話採取保留態度，並且在與之相處的時候更要加倍小心了。

還有，當與人談話的時候，發現對方總是把視線投到上方，或是凝視於一些其他的身外之物時，這已經表示他對於這場談話內容絲毫不感興趣，但是由於自身的教養不能過於失禮，而不得不敷衍搪塞。

但是，如果當他突然把目光集中到說話者的眼神上，或是直直注視說話者時，有可能是因為此時此刻談論的話題引起了他的注意。

眼球的移動透露你的想法

當然，如果這個人一直保持這種姿態與人談話，這就說明了他的心理已經對面前的人產生了成見，或者說他根本就不認可談話的內容。對於這種人，一定要防範注意他暗下絆腳石，背後整人。

如果在說話的過程中，對方突然向上翻弄眼珠，並且目光突然變得怪異起來，或者突然變得銳利，這就表示他對於面前的人所說的話有所懷疑，他們會希望可以從面前這個人的情緒反應中，證實談話內容的可信度。

此外，還有一些性格上有些未知的缺陷的人，他們習慣斜眼看人或者用眼角餘光掃視別人，一般說來這樣的人都是嫌貧愛富、斤斤計較、浮誇吹噓的，不然就是居心叵測、心存鄙視，他們斜視的目光顯示出的是他們輕視的心態。每個人的眼神都在不停地釋放關於自己心理的資訊，能不能察覺到這些資訊，就是能不能準確抓住對方心理的一個重要因素。

外表傳遞的訊息⑧

手掌的型態

每天都用到的手，必然因為工作性質不同而有所改變。沒有了手，生活就無法自理。甚至還有人說，手是人的第二張臉。

尖頭型

這種看起來軟弱無力、又長又細，顏色蒼白，關節也非常柔軟的手型，最典型的特徵是愛幻想、第六感強，心思細膩、內心敏感，充滿各種理想和夢想。注重自己的精神世界，有逃避現實的感覺。因此他們喜歡安靜的獨處，常常遠離人群，讓人覺得有些清高和冷漠。這種人的缺點是依賴性重，很難獨立完成某項工作。這種手型及性格擁有者以女性居多，而且很多都對宗教等神秘主義興趣濃厚。

創造型

指尖扁平而寬大，肌肉結實富有彈性，手掌寬大有力，這種手型屬於創造型的手型。大多數的情況下，這種人都富有獨特的創造力，積極地行動力。他們不甘於模仿，做任何事都追求標新立異、獨特而不同凡響。個性開朗、精力充沛、獨立性強，不會受別人約束。為人處世坦誠相待，也是這種人的優點，他們的人緣關係極佳。還有著堅強的毅力，能夠打破常規解決問題，喜歡冒險。

圓錐型

手指略呈圓型，而且從指尖到指根逐漸變粗，外觀像圓錐體，皮膚細柔又不失彈性，指甲圓潤而漂亮，整個手掌給人美的感受。這種人性格開朗、想像力豐富，是無憂無慮的樂天派。女性擁有這種手型時，會是典型的享樂主義者。受性格的影響，做事往往有虎頭蛇尾的傾向，而且任性驕縱。如果男性具有這種手型，則一般是才華橫溢的，西方有許多有音樂天才、文學家和藝術家，都是這種手型和性格。

手掌的五種基本型態

尖頭型
- 愛幻想
- 第六感強
- 心思細膩
- 依賴性重

創造型
- 個性開朗
- 精力充沛
- 獨立性強
- 不受約束

圓錐型
- 性格中庸
- 易猶豫
- 優柔寡斷

四角型
- 意志堅定
- 態度嚴肅認真
- 忍耐力強
- 理智有條理

同時有尖頭型與圓錐型的特徵
- 優秀者最多
- 卓越的思考力
- 強烈的求知欲
- 行事較為冷靜

同時有尖頭型與圓錐型的特徵

　　又長又大、手掌薄，指骨突出，而且指關節粗大。五指併攏時，指頭間的縫隙特別顯眼。這種手型是**優秀者最多**的一個類型。他們擁有卓越的思考力、強烈的求知欲，對金錢和物質缺乏欲望，為人處世講究道德標準。很少憤世嫉俗，能夠客觀、冷靜地評價社會，行事較為冷靜、理智，不會輕易帶入個人感情。他們也很珍惜自己的名聲，適合從事學者、哲學家、教育家、公務員等理智型職業。

四角型

　　這種手型的主要特徵是手腕到手指的基部幾乎全部都是方形。有這樣特徵的人，大多屬於意志堅定、態度嚴肅認真，具有很強的忍耐力的人。**遇事不慌亂、理智有條理，能夠用最穩妥的方式處理問題**，是屬於有能力又肯努力的類型，只要在工作中多注意接受他人的意見，多進行自我的反思，他們成功的機率是很大的。

體型

體型的特徵反應出來的性格並不是絕對的，還要根據其他的資訊來驗證，不能因為一個特徵而定義一個人的個性。

體態也是身體語言的一種。雖然身體的器官沒有很明顯的表示，但是通過一個人的形體特徵，就能感受到內在的性格徵兆，然後透過蛛絲馬跡來抓住重點、看透人心。那麼，該如何看待體態呢？

第一個方面是看體型，體型是給別人留下印象的第一要素。人的首要感覺就是根據體型而來，因此體型是讓人記住自己的一個重要因素。

我算圓胖的喔！
看得出來！

人的體型，大略分成兩種類型。一種是身體圓圓胖胖的類型，另一種是體型偏瘦，身材苗條的類型。

擁有第一種體型的人，性格一般都是**開朗而樂觀**的，他們非常喜歡與別人交往。這種人性格溫厚，會主動的與陌生人說話，也很樂於去幫助別人，因而一直非常受周圍人的歡迎。他們的忍耐力也是非常強，即使是在工作或者生活中遇到了不公平的待遇，他們也不會有什麼怨言，而是踏踏實實地做好自己的本分工作。憑藉著本身這樣的性格特徵，他們一直在職場上順風順水。

第二種體型的人，性格偏向於**剛烈、冷酷**。因為他們看人的目光逼人，而且脾氣非常怪異。遇到這樣的人時，想瞭解就會變得有些困難。他們的意見和其他人相衝突時，經常會很激動與對方爭執，直到對方認同自己的觀點。這種人生性有些敏感多疑，總是沒有辦法信任別人，而且因為過於執拗，很容易因為一件小事而與他人產生爭執。

第二個方面，是人的身高。

第一種是**身材魁梧高大的人**。通常性格都比較剛烈，有著強烈的進取心。對於他們來說，落後於他人是無法忍受的事情，他們每時每刻都想著不被他人所超越。在工作的時候總是精力充沛，而且具有極強的自信心，做任何事都會

放馬過來吧！

堅持到底，很少半途而廢。他們的思維也很敏捷，遇到難題的時候第一反應就是如何解決問題，不會有過多的抱怨。這種人的缺點可能就在於有些苛求他人，他們很容易會對人產生過高的期望。但即便是過程有些不如意，也會自己默默地完成。

我矮小？小心逮捕你！

第二種人是**身材矮小的人**。或許得益於沒有贅肉的身體，這種人的頭腦也是靈敏而反應迅速的。他們似乎有著一種優於常人的能力，別人感到很棘手的任務，他們總是輕輕鬆鬆地完成。這種人有著豐盛的好奇心，而且會把好奇心帶入工作中。這種人大部分對於金錢的概念並不好，對他們來說，沒錢就向別人借是解決困境的最好辦法，但他們都能夠做到自己的承諾，按時還錢，也因此身邊人也會把錢借給他們。

高富帥就是指我！

第三種人，屬於**身材高瘦**的類型，雖然身高上給人一種壓迫感，但是過於瘦弱的身材又讓人覺得他們缺少力量。儘管如此，他們卻從不懼怕任何困難，一直都是勇往直前，能夠成為最後的勝利者。

面對生活和工作上出現的困難，他們能夠自信滿滿地接受挑戰，達到最後的成功。他們通常是充滿自信，但也有時也有些自傲，難以接受別人的建議和批評，這在某種程度上讓身邊的朋友有些疏遠。

衣著

如果一個人想通過衣著來掩飾自我，很多時候都會弄巧成拙，使得自己想要掩飾的方面更加暴露。

喜歡進口名牌服裝的人

不可否認的是，這種人留給他人的印象，冷漠肯定是不可缺少的。當他們覺得自己處於不利地位時，會去尋找外援，而一旦失手，很可能會將責任推給其他人。**這種類型大多數是孤獨、情緒不安定、有自卑感的人，最好不要去揭穿他們的自卑感。**

服飾色彩繽紛的人

喜歡色彩鮮明、繽紛亮麗服裝的人，多數性格活潑、開朗，單純而善良，坦率而又豁達。這種人對生活的態度也比較積極、樂觀向上。他們大多聰明睿智，具有較強的幽默感。同時，自我表現欲也很強，常會用一些小手段，吸引別人的目光，也會給人耳目一新的感覺。

對流行毫不在乎的人

對於所謂的流行毫不在乎的人，是個性較強的。這類型的人處事中庸且情緒穩定，一般不會做什麼有違常理的事。他們多半相當理性，不喜歡人云亦云、隨波逐流。性格沉穩可靠，值得結交。但是他們往往會在小事上固執己見，而與別人產生爭執。

喜歡樸實服裝的人

穿著樸素衣服的人向來都是非常小心的人，任何事情都有計畫性。而且很誠實，一般不會欺騙人。但是，如果是平常衣著樸實的人，但在某個豪華的場合卻盛裝而入，就要提高警覺了。這表示這個人有可能頗具心機，懂得如何掩飾自己。另外，**衣著樸實的人，一般人情味顯得比較淡薄，有些過於現實的傾向。**

衣著是個性最直接的展現

老大這身裝扮，看起來真是帥度爆表啊！

喜歡改變服裝風格的人

如果有些人會在一段時間內穿同一種風格的服飾，某一天又突然變換到另一種風格，而且不時變化的時候，很大一部分原因是這個人的情緒和思維不穩定。另一種是長期一種風格，突然之間產生變換，就很可能是因為物質或精神方面受到了重大的刺激，因而在服飾上表現出重大的調整。這二種人的情緒大多都不太穩定：有時候變換風格也是希望脫離單調的工作，過富於變化的生活，但也有逃避現實的嫌疑。

穿著馬虎的人

這類人經常身穿名牌西裝，腳蹬名牌皮鞋，脖子上卻系著一條非常粗俗的領帶，這種穿著不得要領、疏於考究的人，做事非常馬虎。一般都缺乏邏輯性、計畫性，但比較有執行力。和這類人相處時要注意掌握分寸，有距離地尊重對方。這種人一般不能直接接受批評，容易衝動，常給人帶來不必要的麻煩。

喜歡穿著正式服裝的人

如果不是因為規定而穿著的話，這些人一般享有較高的社會地位，為了維持自己「白領」的形象，他們無時不在為工作做出努力，他們是上司眼裡的精英、下屬心中的怪物。很可能在性格上存在很多缺陷。比如喜歡在西裝裡搭配白襯衫的人，性格特徵是缺乏主動性、判斷力，總是以工作為人生的支點，是不折不扣的現實主義者。

外表傳遞的訊息⑪

鞋子

很多人卻會習慣性地忽視腳上的鞋子，殊不知鞋子竟然更能體現一個人不為人所知的隱藏性格。

　　人們常說，一個人穿什麼就會給人留下什麼樣的印象。每個人的穿著都有自己的風格，穿著不經意間就會洩露一個人的性格特點。服裝確實是一個人形象和性格的體現，但是有一個重要的部分卻被大多數人所忽視，那就是鞋子，尤其是女人的不同鞋款所代表的性格。

高跟鞋

　　喜歡穿高跟鞋的人，個性成熟大方、喜歡思考、頭腦聰明。喜歡穿高跟鞋的女人，在生活及工作上都相當盡責與努力，對周圍的人事物要求也會比較高，但是因為想要的東西太多，有時會因為沒有得到滿足而脾氣不佳，遷怒身邊的人。一般來說，這樣的女子比較適合坦誠相對，如果她發現自己被人欺騙的話，她很可能會用各種方法來進行報復，刁難對方。

運動及休閒鞋

　　喜歡穿運動及休閒鞋的人，表面上看來大而化之，很容易相處。但是實質上他們非常保護自己，警覺心很強。這種人也很隨性，不會太過在乎世俗的禮儀，更多的是追求自由。雖然他們看起來有著堅強的自衛本能，但他們也很容易變得脆弱，會去依賴他人。

涼鞋

　　喜歡穿涼鞋的人對自己都很有自信，不害怕展示自己，喜歡穿著涼鞋的女人更是喜歡將自己美好的一面表現出來。一般而言這種人的人緣都不錯，身邊的朋友也總是不少。

不同鞋款所代表的性格

高跟鞋
・個性成熟
・盡責與努力
・要求比較高
・脾氣不佳

運動及休閒鞋
・容易相處
・警覺心強
・依賴他人
・隨性

涼鞋
・有自信
・人緣都不錯
・自我為中心

學生鞋
・個性單純
・言行比較內斂
・冒險欲望
　容易壓抑自己

造型特殊鞋子
・追逐流行
・作風大膽
・缺乏自信
・內心保守

　　不過有時候這樣的人會有些以自我為中心，他們會希望對方意見與自己一樣，而且個性頗為固執，不易說服。

學生鞋

　　喜歡穿**學生鞋**的樣式、造型簡單鞋子的人，個性單純敏感，家庭教育嚴謹，容易壓抑自己的情感。一般來說，穿這種樣式鞋子的人，年紀都偏小，而且家教很嚴，或是學校、工作場所風氣較為保守，所以平時言行比較內斂，但是實際上，這樣的人內心中有著想嘗試一些冒險的強烈欲望，與這樣的人相處可以嘗試由此角度切入。

造型特殊鞋子

　　喜歡穿造型特殊鞋子的人，注意時尚並且追逐流行，喜歡成為大家注目的焦點，外表看起來作風大膽，其實內心相當保守。這種人可能並不是很自信，所以會希望成為流行的一分子，讓人注意到他的存在。

外表傳遞的訊息 ⑫

飾品

適當的裝飾卻能與人相得益彰，在不破壞自然美的基礎上，可以為自己的形象加分，同時也展現了內在的性格特徵。

宗教飾物

比如一個小十字架，或者一些帶有宗教意味的小飾品，體現著一種具有深切內在力量的感覺。這種人對自己的素質引以為榮。他們為人實際、不會虛與委蛇，即使是在選擇飾品的時候，也不會將帶有炫耀成分的飾物佩戴在身上，更不會戴假首飾。

金飾

佩戴金戒指、金耳環、金手鐲、金項鍊的人，**性格比較豪爽**，但是一般不懂得內斂沉穩，更多的時候這種滿身佩戴金飾的情況出現在一些暴發戶身上。如果只是戴少許金飾，比如一對耳環或一條項鍊，那麼說明這個人有欣賞好東西的品味，但是性格並不太外向，而且會注意約束自己，不是一個態度隨便的人。

銀飾

一般都是一個有秩序的人，喜歡先將步驟都安排齊全，然後按照計畫一步一步執行，**不喜歡出現突如其來的意外**。尤其是在每天例行的工作，這種人在某種程度上有著不小的控制欲，跟這個人所處的位置和他希望得到的東西有關。

藝術品首飾

大多以純手工製作為主，甚至是自己製作的。這樣的飾物，每一件都與眾不同，所以佩戴這種飾品的人個性一般來說也是獨特的，**不喜歡隨波逐流**。這類型的人具有創造性，大多出現在文藝界、戲劇界、或者建築界，而且成就斐然。

配戴飾品所代表的性格

宗教飾物
・為人實際
・不會虛與委蛇
・不會炫耀

金飾
・性格豪爽
・會約束自己
・態度嚴謹

銀飾
・控制狂
・按計畫執行
・討厭意外

藝術品首飾
・個性獨特
・不喜隨波逐流
・有創造性

家傳首飾
・熱衷於家庭
・懷舊
・真誠

假首飾
・虛榮
・注重外表
・對生活要求高

家傳首飾

如舊手鐲、舊耳環、古老的戒指等。這類人大多是熱衷於家庭生活，對家人、朋友非常忠誠。跟他們交往只要投以真誠，那麼一定能得到對方同樣真誠的回應。

假首飾

比如成串的紅寶石、綠翡翠或者大條的金項鍊等，看起來珠光寶氣、富貴逼人，但其實全是贋品。這種人習慣把自己的外貌形象放在非常重要的地位，極具虛榮心，對生活的要求高，不能接受現狀。

不戴首飾的人

這種人一般都很實際，也沒有準備在他人心目中建立自己的印象。對他而言，注重的是生活品質，而不是外在的炫耀。注重內在的他們並不留心外表，但卻並非無錢購買首飾。

整體而言，外向的人，喜歡變換款式；內向的人，首飾則相對比較固定；善交際的人首飾比較活潑、隨意；而性格孤僻的人首飾的色彩選擇也趨向於暗淡、深沉。

外表傳遞的訊息⑬

手錶

要瞭解一個人對時間的看法，甚至是時間對一個人的影響，觀察他所佩戴的手錶也不失為一種好方法。

手錶顯示的不僅是時間，還透露出你如何運用自己的時間。所以，要瞭解一個人對時間的看法，甚至是時間對一個人的影響，觀察他所佩戴的手錶也不失為一種好方法。一個人對待時間的態度跟他的性格密不可分，也因此，觀察一個人所佩戴的手錶，在某種程度上可以看出這個人有著怎樣的性格。

①有的人喜歡戴可顯示不同時區的手錶，這顯示這個人很希望去許多地方，但雖然計畫要去，實際上卻什麼地方也沒有去。**戴著這種手錶的人大部分是白日夢高手**，很多時候只是幻想卻不會去行動。而且，這種人並不懂得行動的重要性，也非常容易抓不到事物的重點，因而面對困境時，很容易用逃避來解決。

②喜歡懷錶，顯示**喜歡控制時間，而不是時間控制他們**。緊張忙碌的行程或許會讓他人煩惱，但對這種人卻不是問題，因為他們知道如何放鬆自己。喜歡懷錶的人有耐心，舉止高雅，也喜歡與人相處。追求浪漫的同時又喜歡復古的生活方式，所以周圍會有很多仿古的東西。這種人不喜歡面對無法掌控的事物，願意花時間維持一份長久的感情。

③戴沒有數字符號的錶，顯示這種人非常**擅長表達觀念，但並不希望也不會去將所有事情都解釋得一清二楚**。對於這種人來說，抽象概念的重要性，遠遠大於具體存在的現實事物。他們一般都對智力很自信，很多時候喜歡尋求智力的挑戰，並特別喜歡益智遊戲和數學問題。面對許多讓人頭痛無解的問題，他們會鍥而不捨地花好幾個小時繼續找尋解決之道，直到解開問題為止。

手錶是相當明顯但低調的展現

④配戴超高價位手工機械手錶,從外觀上就可以看出來,這樣的人關心的就是地位和品味。用設計師經手的服飾和手錶互相搭配,無聲地向人展示著不同於常人的地位和品味。他們想讓別人覺得他們的時間很寶貴,從而避免別人的打擾。但事實上,他們能夠自由運用的時間並非那麼少,這種刻意的聲張,很容易被認為是在故作姿態。但是這種人的**低調確實不容置疑**,不愛張揚的性格使得即使他們的錶價值百萬,也不會對人多說半句。因此雖然他們在乎自己的形象,也總有不明所以的人認為他們對流行時尚並不敏感,對他們低調的奢華沒有絲毫概念。

⑤有喜歡戴錶的人,自然也有不喜歡戴錶的。**不喜歡戴錶的人,潛意識中在向他人傳遞自己的獨立性**,表示沒有人能夠支使自己,至少不會被時間所支配。因為不喜歡受到束縛,所以會利用每個機會表達自己獨立自主的個性。然而,有些時候,過於強調獨立自主,使得他們在人際關係中頗受冷落,因為很多時候人們並不喜歡和一個太有自我意識,太注重自我感受的人相處。

⑥還有人喜歡在辦公桌上放上一個鬧鐘。這種人有很強的責任感,不但能夠積極承擔責任,也能夠勇於接受任務。這使得他們在人群中能夠成為支柱型人物,別人會期待他們下決定,也會等待他們的領導。這些人的日曆上總是排滿了大大小小的事情和截止日期,這對他們而言是必須的,因為如果沒有這些記號,他們會變得茫然不知所措。

外表傳遞的訊息⑭

戒指

戒指相對來說是一種比較普遍的飾物，佩戴它的原因或許是因為某種特定的情感，或許只是為了裝飾。

但大多數情況下，戒指往往都是個人品味、社會地位和經濟狀況的象徵。一個人選擇的戒指類型和佩戴戒指的手指位置，或多或少體現著這個人的價值觀和性格特點。

佩戴結婚戒指

若一個人佩戴的結婚戒指越大越華麗，則顯示這個人的自我膨脹感和表現欲望越強烈。如果戒指緊緊地套在手指上，則表明對另一半很忠誠，相反就說明這個人並不值得信任。不過如果發現一個人不時地玩弄手中的結婚戒指，讓它在手指上滑來滑去，很可能在潛意識中，他對自己的婚姻關係開始有所質疑，不知是否應該繼續下去。

佩戴鑽石戒指

這樣的人總是希望能以炫耀的姿態引起他人的注意。在他們的意識中，佩戴閃亮的鑽石戒指，可以讓別人更容易看到他們、羨慕他們。

這樣的人很容易會為自己所取得的丁點成就沾沾自喜，而且還極容易驕傲自滿，常常陶醉在自我的膨脹感和滿足感當中。

佩戴家族標誌戒指

這種人一般相當重視家庭，而且也有表現、證明是這一家族成員的心理。在西方很多大家族中，家族標誌戒指是一個人地位的象徵，憑藉一個戒指，甚至可以掌握一個家族的所有命脈。

可見，對於某些人來說，家族戒指更多的是一種家族和自己的互相承認。

戒指配戴的種類

結婚戒指
・自我膨脹
・忠誠
・表現欲強烈

鑽石戒指
・愛炫耀
・自我中心
・自我膨脹

家族戒指
・重視家庭
・重視地位
・嚴謹

尾戒
・想像力強
・生活積極
・表現慾強

花戒
・個性獨特
・標新立異
・盲目的自信

佩戴尾戒

　　喜歡戴一枚小戒指的人，大多擁有令人羨慕的想像力和創造力，只是這些東西時常不適宜出現在生活中。他們常會懷著非常迫切的心情，向他人說明自己的想法，但卻往往得不到回應。**這類型人的生活態度相對比較積極**，在很多時候都知道該如何適當地表現自己，給別人留下較為理想的印象。

佩戴花戒

　　花戒大多造型獨特和複雜，對這種戒指情有獨鍾的人，他們的性格大多也是如此。具有很強的個性特徵，有著很強烈的表現欲望，為了讓他人認識到自己的不同，同時關注自己，他們可能會了達成目的，而花費很大的一番心思。**戴花戒的人喜歡標新立異，樹立自己獨特的風格**，並且也有十足的信心認為自己一定會成功，有些盲目的自信。

不佩戴戒指

　　這樣的人並不喜歡雜亂和煩擾的感覺。戒指對於他們而言，就像是在給予手指一種束縛，而他們在生活中是力求自然舒適，所以不戴戒指才不會影響到他們的自由感，如此才可以無拘無束地表達自己的各種思想和情緒。

外表傳遞的訊息 ⑮

戒指的位置

右手大拇指上的戒指，意味著這個人是充滿自信的，有著驕傲、不服輸的性格，但也容易自以為是。

此外還要注意的是，一般人除了婚戒的位置較為固定外，有些未婚或已婚但未配帶結婚戒指的人，這些人戒指佩戴的位置，也能反映出這個人的一些心理狀態：

小指：

如果是配戴在右手的這個位置，則代表這個人是非常善良的人。**富有情感和博愛**，喜歡帶有神秘色彩的東西，他的情感簡單，以順從和溫和贏得他人的歡迎。如果戴在左手小指，則這個人通常自私自傲，並渴望與眾不同，會認真而努力地用自己的天賦為自己建立一個好的形象。

食指：

佩戴於右手食指，說明這個人很**擅長與人競爭**。這種性格在事業上會有著不凡的表現，這樣的人也不在乎別人的批評或感受，只要達到目的一切在所不惜。

而如果是**戴在左手食指**，那這個人就有著**喜新厭舊的性格**，在服裝和生活物品上的表現尤為明顯。他們永遠表現得很有效率，不喜歡浮華不實的時髦打扮，喜歡有高雅品味的飾物。

中指：

右手中指的戒指，象徵著這個人是個理想主義者，凡事都有一番自己的見解。他們有著強烈的使命感，即使是做義工，他們也一樣會盡力去做到最好。而如果出現在左手中指上的戒指，則象徵著這個人是相當**重視儀容與規矩**的人，衣著高雅、態度謙和，重視朋友和情義，容易受到朋友的愛慕與尊敬。

戒指配戴的位置（右手）

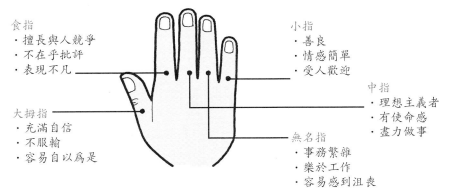

食指
・擅長與人競爭
・不在乎批評
・表現不凡

小指
・善良
・情感簡單
・受人歡迎

中指
・理想主義者
・有使命感
・盡力做事

大拇指
・充滿自信
・不服輸
・容易自以為是

無名指
・事務繁雜
・樂於工作
・容易感到沮喪

無名指：

　　戴在右手無名指上，昭示著這個人好像有永遠做不完的工作，忙得不亦樂乎。因為他們總是有過多的應該自己處理和不應該自己處理的事情需要去做，很多時候他們容易感到沮喪。

　　而左手無名指上的戒指，則昭示著這個人屬於家居型，這樣的人希望擁有一個安穩的家，一般來說較能夠體貼地照顧好家人，又能友善地與平輩、晚輩們溝通。因此事業、家庭都能有不錯的發展。

大拇指：

　　右手大拇指上的戒指，意味著這個人是充滿自信的，有著驕傲、不服輸的性格。但也容易自以為是，對於犯錯也毫不在乎。

　　左手大拇指戴戒指的人，需要很多人的擁護和愛戴。他們不會輕易對別人付出真實情感，但會關心、照顧別人，出發點就像領袖為人服務解決困難一般。

3

通過語言觀察人心

溝通，語言是必不可少的一個管道。

每個人都有著自身固有的說話方式和特點，同時也會因為時間、地點、環境的變化而改變。說話時的聲音會透露出這個人的性格特點，說話音量和語速的變化，也會透露出這個人的心理變化。

說話的內容和用詞，更可以看出這個人有著一個怎樣的情緒狀態。而瞭解這些資訊，可以找出適當而有效的方法進行溝通或談判，在最短的時間內得出最正確的結論。那麼，在日常的生活中，聲音是怎樣傳遞性格特徵的資訊的呢？

聲音的音質

一個人的聲音類型和當時的相關地點、人物、時間以及環境有密切的關係，與這個人本身的性格也密不可分。

聲音會反映出一個人的情緒變化，是很多人都已經知道的事情。透過對聲音的研究發現，一個人的聲音類型和這個人本身的性格也有著很密切的關係。根據分析，人的聲音大概可以分為以下幾種類型：

高亢尖銳的聲音：

會發出這種聲音的人情緒容易起伏不定，對人的好惡感也較明顯。這種人很固執，一旦執著於某一件事物，會不顧一切地想辦法得到。情緒多變的他們，通常會因一點小事就勃然大怒，與人爭辯。有些時候他們並不能夠對自己說的話負責，會很輕易地說出自相矛盾的話，並且不引以為錯。

聲音高亢的人一般較神經質，對環境的變化有極其敏感的反應，如換個房間或者換張床就會睡不著覺，也就是人們常常說的「認床」。另外這類人極具創意與想像力，對事物有良好的品味，而且比較不服輸，說起話來滔滔不絕，喜歡對別人灌輸自己認為正確的觀點，也討厭向別人低頭。在與這種人相處時，只要不給予反駁，表現謙虛的態度，就可以使他們滿足。如果男性擁有高亢尖銳聲音，這種人通常個性較狂熱，容易興奮也容易疲倦。這種人相信一見鍾情，甚至會很貿然地表白心意，往往令對方大吃一驚。高亢聲音的男性從年輕時開始，就很擅長發揮自己的個性而掌握成功之道，這也是他們的特徵之一。

溫和沉穩的聲音：

音質柔和聲調低的人，性格比較內向。他們會時刻注意周遭的情況而壓抑自己的感情，同時在內心深處也渴望能夠表達自己的情感，這種

人應該儘量抒發自己感情，才能讓自己的身心保持一個健康的狀態。有這種聲音特質的女性一般都富有同情心，願意主動去幫助別人。

這種人也會按部就班，努力朝自己的目標前進，屬於慢條斯理型，她們經常的表現是上午往往有氣無力，下午則又可能變得活蹦亂跳、精神極佳。而帶有溫和沉著聲音的男性，乍看會讓人覺得很老實，其實他們往往固執己見、絕不妥協，不會為了討好別人而改變自己的意見，也不會被他人的意見所影響。

與這種人相處的時候，剛開始往往會讓人覺得很困難，因為他們總是很難去迎合別人，但是交往久了之後就會發現，這種人其實是非常忠實牢靠、值得信賴。

沙啞聲音：

女性如果有著沙啞的聲音，通常是很有個性的人，即使外表看起來很柔弱，但事實上也會具有相當強烈的性格。雖然她們對待任何人都親切有禮，卻很少暴露自己的真心，給人一種難以捉摸的感覺。

她們雖然可能因個性強勢而在同性間觀念不合受人排擠，但卻容易獲得異性歡迎。她們對服裝的品味極佳，也往往具有音樂、繪畫才能。面對這種類型的女性，必須注意不能以過於強硬的態度與她交談，言語間也不能過於自傲，否則很容易引起她的反感和不快。

聲音沙啞的男性往往是耐力十足又富有行動力的人，即使是一般人覺得很難完成的事情，他也會幹勁十足地往前衝。這種人的缺點是他們容易自以為是，對一些看似不重要的事掉以輕心，常常因此貽誤良機，失去成功的機會。

還有，不論男女，具有這種聲質的人，會憑個人的力量拓展勢力，在公司團體裡能以卓越的領導力吸引他人。遇到困難會越挫越勇，全力以赴，直至達到最後的目標。許多成功的政治家、文學家和評論家都有些沙啞的聲音，就是屬於這種類型的人。

粗而沉的聲音：

聲音底氣十足，有如從腹腔中發出來，有這種聲音類型的人，一般都具有樂善好施，喜愛當領導者的性格。常常四處活動而不願待在家中，隨著年齡的增長，這種人很可能會變得肥胖。有這種聲音的女性在同性間的人緣較好，容易受到眾人的信賴，成為大家討教主意的對象。

而有這種聲音的男性通常會展開政治家或實業家的生涯，而且能夠獲得較大的成功。不過，這種人很多時候感情較脆弱，卻又有著強烈的正義感，容易因為不平而與他人爭吵，甚至做出某些很衝動的決定，在日後又懊悔不已。

嬌滴滴而黏膩的聲音：

這種聲音多見於女性，帶點鼻音而黏膩的聲音，通常是極端渴望受到眾人喜愛的表現。這種女性往往有些心浮氣躁，過於膩人的聲音有時候會引起他人的反感。如果是單親家庭的孩子用這種聲音說話，則表明他們內心期待年長者溫柔的對待。

男性若是用這種聲音說話，多半是獨生子或者是在百般阿護下長大的孩子，依賴心極重。這種人很害怕獨處，做決定的時候會感到迷惘而不知所措，而且往往會讓人覺得有些優柔寡斷。

該如何在第一時間就把握住對方的性格，然後在跟對方的談話中做出最正確的姿態，是能否得到對方信任的關鍵。如果採取了錯誤的對待方式，很容易就會使得自己處於被動地位，不利於雙方的溝通。

在觀察調查對象時，從外在服飾類的表象，逐步到聲音類的內在，是把握調查物件性格心理的一個重要過程。

在最開始的時候，我們很容易就能夠根據對方的穿著打扮而判定一個人的性格，雖然很多時候這種瞭解途徑有著很不錯的效果，可是在遇上狡猾的調查對象時，也很容易造成誤判。

真實案例

　　在某個販毒調查的案例中，一名身材瘦小的女性，穿著打扮都偏向職業化，自稱是一家公司的經理，在回答問題時，聲音也是刻意壓低的深沉，聽起來還有些沙啞。於是警方就沒有對這個女子進一步的審訊，而且準備解除她的嫌疑。

　　然而，在偶然間，警方聽到這個女子跟她的朋友說話，聲音尖銳而高亢，而且好像還特別激動地與人爭辯。警方因而感到這個女子有些問題，因為在警方面前刻意偽裝穩重，而事實上這個女子卻非常容易激動，這不是一個公司領導人應該具備的素質。

　　於是，警方迅速又一次逮捕了這個女子，並且對她再一次進行審問，當問到關於販毒問題的時候，這個女子的聲音明顯提高了不少，對此，警方頓時提高了警惕，而且之後通過不同的手段對這個女子進行攻防，最後這個女子承認了販毒的事實，而且還供出了她的幾個同夥。

說話的速度

人與人之間的交談是一種思想的交流，語言是思想的反應。同時它也是人們心理、感情和態度的流露。

人與人之間的交談，不同於動物之間那種本能的嘶吼，它是一種思想的交流，語言是人們思考過後的反應。同時它也是人們心理、感情和態度的流露。

觀察一個人說話的特徵，可以看出其性格特點和心理變化。比如，一個人說話速度的快慢、緩急都能直接體現出說話人的心理狀態。以下是說話時的快慢與他的心理狀態之間的關聯：

說話速度很快

這種人說話的時候，吐字就像機關槍，速度快得讓人應接不暇，根本就沒有別人插嘴的份，而且習慣一口氣說到底。

這種人一般性格比較外向、思維敏捷、應變能力強，而且口才也很好。他們能夠掌握見什麼人應該說什麼話，因此在交際場合遊刃有餘，總能輕而易舉地達到自己的目的。

這種人大多也是心直口快的人，心裡藏不住任何事，想到什麼就會說什麼，有時甚至會不顧形象地將自己比較可笑的事情講給別人聽。

但是這種沒有心機的另一面，就是情緒比較多變、性格比較暴躁，容易生氣、發脾氣、遇事武斷，可能會一意孤行。

說話速度平緩

這種人說話的語速相對比較慢，不會快得讓人聽不清，也不會慢得讓人著急，通常是不緊不慢的，即使有比較緊急的事情，他也會照樣雷打不動地用他那種獨有的語速來轉述給別人聽。

說話時的速度與表現

　　這樣的人大多內心溫柔而善良、寬厚仁慈、富有同情心，能夠關心和體諒他人。這類型的人內心是平靜的，不會有過多的欲望，因而會顯得很沉穩。一般情況下，他們說話舒緩、和婉，同時也極富親和力。在內心平靜的時候，他們思維細緻、善於謀劃，能夠尊重和接納他人的意見，但又不會人云亦云，也有著自己獨到的見解。

　　缺點是，思想比較保守，對新事物的接受度比較低，極容易產生排斥感。雖然原則性很強，但是思維不夠敏捷，做事總是猶豫不決，缺乏魄力，所以也很難成功。

說話速度極慢

　　這種人說話的語速非常慢，讓人聽的同時都忍不住著急。他們的個性通常也是慢吞吞的，而且有些軟弱、內向，對自己缺乏信心，還有點木訥，不擅長於與他人交往。

　　前述是正常情況下由語速所區分的類型，但一個人的語速並不是固定不變的，一旦發生了某些突發情況，說話速度就會發生一些變化。

說話速度改變的原因

語速反應出說話者的微妙心理，仔細留意他人的語速變化，很可能發現對方一些想要隱藏的內心變化。

如果一個平時伶牙俐齒且語速很快的人，說話突然變得吞吞吐吐，前言不接後語，而且反應遲鈍、語速很慢的時候，那麼可能是以下幾種原因造成：

①有些人在**面對心儀對象的時候，會因為害羞導致講話不流利**。

原本在別人面前都能夠幽默風趣、談笑自如的人，一旦面對喜歡的對象時，馬上變得語無倫次不知道要說什麼，說起話來也彷彿嘴裡有什麼東西，講話含含糊糊，一點都不連貫流暢。如果這時候說話者臉紅，而且明顯有些**不敢直視對方**的人，那麼通常就是在傳遞一個資訊：「**我喜歡你**」。

②當一個平時說話語速很快的人，在公共場合突然放慢了語速並且說話條理清晰，這時是他是在**強調自己的觀點**。

希望放慢速度強調自己所講的話，並能引起別人的注意，或是讓別人同意自己的觀點，抑或者是抒發某種感情。

③在演講時，講者突然放慢語速，很可能他是在表達一定的情感，希望引起聽者的共鳴。

這種情況在辯論賽上也極為常見，是一種透過訓練所學習的技巧。每個選手都快速且流暢地表達自己的觀點，而這種技巧能讓聽者將注意力集中於此部分。同時這種語速變化可以調整自己的節奏與進度、增加自己的信心，而且還可以削弱對方的銳氣。但是突然放慢語速，是在強調自己的觀點，用緩慢且清晰的語調來讓人凸顯自己強調的部分。

說話速度突然改變的原因

④面對比自己強勢的人的時候，一些口齒伶俐的人很可能就會因為對方獨到的見解、逼人的氣勢變得支支吾吾，一副有口難辯的樣子。

這種情況就是這個人產生了卑怯心理，對自己失去了信心，又或者對方的話一針見血，一時難以反駁。如果在辯論時出現這種局面，辯論就可以說走向失敗了。

⑤一個平時吃不得半點虧的人，當面講一些壞話侮辱他時，他卻支支吾吾，半天說不出話來，那麼很可能這些話語是事實，由於自己心虛而無法反駁。相反地，如果他用平常的語速大聲地反駁，那麼很可能這些話都是對他的無端誹謗，是在陷害他。

⑥與以上的情況相反，平時說話緩慢的人突然快起來，那麼他可能做了什麼不好的事情，或者瞞著對方做了一些對不起對方的事情。此時他說話的內容往往不太準確，不能太過當真。與這種情況相類似的，是平時沉默寡言的人，突然變得口若懸河，那麼他內心裡一定隱藏著不可告人的秘密，在說話的時候他很緊張，害怕被人發現。

結論是，語速反映出說話者的微妙心理，如果能仔細留意他人的語速變化，很可能發現對方一些想要隱藏的秘密。

音色和音量

聲音能夠向外界表達和傳遞出說話者非常複雜的內心情感，透過它的確可以觀察出一個人的性格特徵和情緒變化。

　　每個人的聲音都具有很明顯的個人色彩，一般來說，聲音的不同主要是體現在三個方面：聲音的高低，即音訊；聲音的大小即音量；和聲音的韻律，即節奏。當無法透過觀察表情得知一個人的情緒變化時，聲音是一個很好的窺探情緒的途徑。

　　一個人聲音語調的高低變化，可以讓我們準確判斷對方是否處於緊張或不安。高昂的聲音如果突然變尖銳，通常是一個人無法抑制自己的感情，同時還感到緊張憤怒。所以，當對方突然發出這種聲音，就可以特別留意。相反地，當對方情緒平和安祥，而且過程中都很隨和，聲音沒有明顯的變化時，我們會認為對方說的話比較真實。同時當對方充分理解了談話的關鍵和內容時，他們的語調也會漸漸變沉變低。

　　聲音的大小和性格也有著密切的關係。一般說來喜歡大聲怒吼的人支配欲較強，喜歡單方面地貫徹自己的意志，以自我為中心，要求別人順從自己。說話聲音小的人，多半是性格內向或習慣於壓抑自己的人，這種人也很喜歡說話，有時候甚至會喋喋不休地重複同一件事情，但是卻多半徒勞無功，因為聲音過小，說出來的話並沒有什麼震撼力。

　　聲音會隨著情緒的變化而改變，若內心處在非常平靜的狀態，那麼他說話的聲音就會非常舒緩、和順，讓聽者感覺非常舒服，不會產生異感；一個人如果內心非常暢快、高興，那麼他說話的聲音也會顯得非常清亮和乾脆，也讓人感覺到他那份愉悅的心情；一個人如果內心趨於興奮狀態，那麼他說話的聲音就會顯得過分積極和熱烈，而且說話的聲音容易因為興奮而變得急促；一個人如果內心焦躁不安，那麼他說話的聲音就會隨之變得不穩定、不平靜，讓人聽著都充滿了急躁感。

　　除此以外，人的聲音跟性格的關係還有一些內容可以參考，比如：偽善的人，說話聲音有氣無力，而且結結巴巴，這是心虛的表現；而內心誠信的人，說話聲音清脆，節奏分明，這是坦然的表現；內心卑鄙乖張的人，心懷鬼胎，因此聲音顯得陰陽怪氣，非常刺耳；內心寬宏柔和的人，說話聲音溫柔和緩，如細水長流。

　　聲音的另一個特徵——節奏，也是能夠體現一個人性格的。如果聲音單調，而且沒有抑揚頓挫的韻律時，通常是這個人對對方抱有冷淡的感情，或不想與他人打成一片，才會出現的情況；當一個人精神上處於不安的時候，他的聲音也會變得單調而沒有韻律感；另外，如果覺得無聊或懶得跟對方搭話時，一個人的聲音也會漸漸失去韻律感。相反地，當一個人的聲音明顯具有韻律感，而且聽起來生氣蓬勃的時候，那麼一定是在與朋友交談，或者對交談對象很親近時才能發出的。

　　據此可以學習的是，說話時如果希望給對方帶來好感，也就是不論在任何場合都能讓人產生好感的聲音，就是在談話中隨時保持微笑。伴隨著「微笑」的聲音不僅能夠緩和一些緊張的談話氛圍，還能使說話者的表情柔和，這時所發出的聲音會給對方留下好印象。

　　如果對自己的聲音感到不滿，但是卻希望博得他人好感和信任時，不妨可以試著帶淺淺微笑的談話。微笑時的聲音會自然而然地帶有生氣蓬勃的韻律，因為高低適中、音質感人，所以能夠給人留下好的印象。比如大多數電視節目中的播音員或者廣告明星，說話的時候都是帶著一臉笑容露出雪白的牙齒，這很明顯地能博得觀眾的好感，達到目的。

　　因此，當我們在面對一些很強硬的人時，面帶微笑以帶有好感的聲音和對方交談，可以讓他們得到更多的資訊，增進彼此的瞭解帶來更多的便利。

說話的習慣

與人交談的過程中，往往能夠從對方說話的習慣瞭解對方的性格，這種「察言」的能力，在溝通過程中能得到許多隱藏的資訊。

在與人交談的過程中，我們往往能夠從對方說話的習慣與方式看出對方的性格，進而瞭解這個人的脾氣、秉性。也正是人們這種「察言」的能力，讓我們能在溝通過程中得到許多隱藏的資訊。

說話一針見血

這種人的洞察力強，思想獨特，往往能夠輕易看出問題所在，並找到事物的本質。但美中不足的是，這種說話一針見血的人，**性格中往往帶有比較強的攻擊性**，一旦發現了別人的錯誤，他們總是會毫不留情地指出來，有的時候會讓對方很難堪，也因此很容易得罪人。

以自己為主

有些人跟別人交談時總是想要讓別人聽從自己的說法，有點好為人師。這類人大多自我意識強烈，經常自以為是、目中無人。**這些人希望別人的目光都在自己身上，所以經常否定他人的觀點**，藉以吸引其他人的注意，而且還認為自己的觀點凌駕於他人之上，要求別人都接受自己的觀點。這種人在說話間就很容易給人一種高高在上的感覺。

發牢騷

有一種人容易引起他人的反感，就是不斷地發牢騷的人，似乎這個世界都對不起他們，而且總是習慣把問題推給別人。這種人基本上是好逸惡勞、貪圖享受的。他們不會用實際行動改變自己的處境，遇到困難和挫折就退縮逃避，然後把不幸和失敗都歸結於外在因素。**這種人很少會為別人著想，卻總期望別人給予自己更多的好處**，一旦他們的期望得不到滿足，他們就會怨天尤人，認為別人對不起自己。

說話時的習慣與性格

說話一針見血
・洞察力很強
・攻擊性較強
・容易得罪人

以自己為主
・好為人師
・自以為是
・自我意識強烈

發牢騷
・好逸惡勞
・怨天尤人
・自私

說話溫和平靜

　　這些人性格也多是溫和寧靜的，他們渴望過一種與世無爭的生活。很多時候，他們都會避免跟人發生衝突，所以有些人會覺得他們膽小怕事。但其實這只是他們想要避免過多的是非糾紛而回避衝突而已。一旦他們覺得有必要展露自己的話，他們就會充分發揮出自己潛藏的才華，而且處事剛柔並濟，能伸能屈，大有所為。

緩和圓融

　　這類人大多待人誠懇、熱情，為人寬厚、仁慈，處世比較圓滑，因而不太會引起他人的反感和責怪。這種人的思想上可能有些呆板，在接受新事物方面有些限制，但是他們心胸開朗豁達，所以對新生事物也能持理解與尊重的態度，並不會故步自封，以己為尊。

談吐幽默

　　能夠逗樂大家的人，大多是感覺靈敏，胸襟豁達。他們很少會呆板地遵循一些既定的規則，甚至不拘小節。個性非常圓滑，頭腦靈活，而且聰明、活潑，許多人願意與他們交往。他們也擁有很多朋友，但是卻不會因此成為出頭鳥，受到他人攻擊。

聽比說更重要

認真的傾聽能夠獲取他人的信任，一般來說，交往一段時間後，他們一定會獲得他人的尊重。

前述介紹的類型之外，還有一種人，他們在說話的時候會很注意地傾聽別人的說法，甚至很多時候他們都在聽別人說話，而不是在與對方進行交談。這種人通常都有自己獨特的思想、思維縝密，而且對待他人謙虛有禮、性情溫和。

他們並不是用過多的話語來引人注意，反而是因為善於思考和能夠認真傾聽，而獲取他人的信任。一般來說，交往一段時間後，他們一定會獲得他人的尊重。

不同的話有不同的表達效果，甚至有時同樣一句話在不同的人嘴裡說出來，也會產生完全不同的效果，其關鍵在於說話者的表達方式，而怎樣說又是由說話者的性格所決定的。只要認真注意一個人說話的方式和語言表達的習慣，就不難觀察出這個人的性格特徵。

真實案例

在美國加州曾經發生過一起謀殺案，犯案的是當地一位大學教授，他在家中殺死自己的妻子，但卻沒有過多掩飾犯罪事實。在警方進行偵訊的時候，他對自己所犯的罪行供認不諱。

這位大學教授在研究方面很有地位，是當地有名的學者，而且平易近人。很受學生和其他同仁歡迎。這樣一位受人尊重的教授，卻會

對自己的妻子行兇，讓很多人跌破眼鏡。

　　經過調查發現，他的妻子是一個蠻橫無理的人，常對他亂發脾氣，而且對他的學術研究冷嘲熱諷，將自己遇到的一切不如意都歸咎於這位教授，抱怨他太過窩囊。有的時候還會無理取鬧地打斷教授的工作，甚至是撕毀教授的論文和研究報告，這讓教授很不能接受。

　　教授對警方說，一開始的時候，他還能好好傾聽妻子所說的意見，也很有耐心地與妻子溝通，希望妻子能夠理解他，但妻子卻認為他在敷衍自己，因而更是變本加厲，教授極為不滿。

　　在又一次的爭吵之後，教授開始懷疑妻子的企圖，覺得肯定有其他的目的。教授難忍激動的情緒，於是這件讓人難以置信的慘案發生了。

　　警方後來表示，從這個教授說話的方式來看，他的性格屬於避免爭鬥型，此類型的人一般來說也同樣較壓抑，但是卻因為妻子個性卻蠻橫無理，因而觸及了教授的心理底線。慘案會發生，跟夫妻二人的性格有著絕對的關係，跟他們彼此說話的態度也有著不可剝奪的關聯。

聊天的話題

很多人喜歡聊天，聊天的內容總是相當廣泛；不同人之間的談話，會有不同的說話風格，也有不同的談話內容。

　　很多人都喜歡跟人聊天，而且聊天的內容很廣泛；不同人之間的談話會有不同的風格，也有不同的談話內容。對於喜歡政治的人來說，國內外的政治情勢永遠是他們不變的話題，而對於喜好八卦的人來說，一天不與人談論一下八卦事件，似乎這一天就沒有意義了。

　　雖然與人談話的內容很多時候並不為自己所控制，但是一個人喜歡談論的內容，跟這個人的性格和心理有斬不斷的連結。

　　對於喜歡談論金錢話題的人，一般認為總是有些現實，是很實際的現實主義者。總是習慣性地帶入金錢話題，比如問對方：「這個桌子好漂亮，花很多錢吧？」、「婚禮真不錯，總共花了多少錢？」等，總是將話題扯到金錢上去。這種類型的人，往往缺乏夢想，因為太過現實主義，反而失去很多機會，不敢將錢做其他投資，只能死守眼前的利益，無法看到未來。這是他們缺乏夢想所帶來的一個弊端。

　　這種人的現實，源自於一種讓人有些意外的心理──不安全感。在他們的信仰中，錢就是世界，對於失去錢的唯一感受，就是不安。這樣會導致了一個無法走出的循環，因為害怕沒錢被拋棄，所以更依賴錢，而更依賴錢的後果，就是更怕沒錢。

　　還有人喜歡在談話中去定義他人，比如說：「你處女座，一定非常龜毛又囉嗦」、「你金牛座，所以一定小氣又愛錢」等等，這種人通常缺乏變通。兩個人初次見面，談談星座、生肖、血型等會比較容易迅速拉近彼此的距離，但是如果只單純對對方的個性下某個結論，很容易引起對方的反感，讓談話難以繼續。

　　這類**單純依靠某種線索去定義他人個性**的人，在人際關係上也常常有所欠缺，不能很妥善地處理好。總是認為對方一定會和自己所瞭解的某種個性一樣，然後就硬是將對方往自己所瞭解的方向解讀，這樣很容易造成認知錯誤。而一旦認知被否定，他們很容易會覺得不安和惶恐，因為不知道對方在想什麼，也就沒有辦法與對方交談了。

　　於是，為了自己能夠安心，他們繼續將對方的性格和其他自己所認知的一些事情鏈結，希望能夠控制談話方向，讓對方在自己的認知範圍內。由於過於執拗而且用自己的方式來控制對方，與這種人相處如果不能忍受被隨意定型的話，最好先告訴對方自己的個性，以免對方因為陌生而隨意將自己貼上某種標籤。

　　也有人喜歡評論他人，像是不時地說：「你知道嗎？新來的那個誰誰誰，好像跟經理關係不錯哦！」、「前一陣子，小李跟哪個部門那個誰誰誰一起出去看電影，而且好像還挺親密的。」諸如此類，說話時還不時加入自己的看法，把事情誇大得似乎很精彩很神秘。這種人其實沒有太壞的心眼，只是想藉由誇大事實來吸引別人的注意。對他們來說，針對他人有興趣的話題，不厭其煩地添油加醋，讓故事聽起來更有戲劇性，自己也能得到更多關注，何樂而不為。

　　當然還有些喜歡說長道短的人，是由於自己的嫉妒心和偏見。這種人喜歡和人比較，會無時無刻關注他人，不讓自己落於下風，是他們樂此不疲的事情。

　　一個人聊天時談論的內容，並不是完全根據這個人的個性而定，有些時候是根據這個人所處的環境而定，關於說話內容反映出來的性格特徵，可以一直探索所說的內容所蘊藏的含義。

說話的方式

人說話的目的，不僅僅只是把想表達的意思傳達給對方就算完成任務了，更主要的目的則是為了讓對方接受——更好、愉快地接受。

　　為了達到更好的溝通效果，很多人在說話的時候，就會非常注意自己的方式。也因此一個人說話的方式，可以從某些特徵推測出這個人的修養和個性，如果在與人交流的過程中，悉心留意對方說話時的方式，就可以從中觀察他的性格，本書將說話的方式分類為以下數種：

簡潔有力

　　說話簡潔明朗的人，性格多是豪爽、開朗、大方的，做事乾脆，有很強的決斷力，而且能夠說到做到，拿得起也放得下，不會猶豫不決、拖泥帶水，因而常給人非常有魄力的印象。他們的開拓精神也是為人們所敬佩，有敢為天下先的膽量。

謙恭謙讓

　　說話態度謙恭的人，大多具有一定的學識以及文化修養，能夠給予他人足夠的尊重和體諒，有一定的包容力。另一方面，經常使用恭敬用語的人，性格也比較圓滑和世故，能夠洞察別人的目的也能體會別人的心情，然後投其所好來實現自己的目的。這一類型的人與絕大多數人都能保持良好的關係，在為人處世方面多能如魚得水，左右逢源。

拖拖拉拉

　　說話拖拖拉拉，廢話連篇的人，多屬於性格軟弱責任心不強的人，這種人逃避事情的可能性極大。膽子比較小，心胸也不開闊，容易在一些雞毛蒜皮的小事上糾結不清。他們缺乏開拓進取精神，不會因為不滿足而尋求改變，更多的是希望能夠不勞而獲，等待財富降臨的心理，使得他們很容易嫉妒他人的成功。

敏銳圓滑

　　這類人在處理各種事情時都顯得相當老練，對人情世故的理解和認識深刻又正確。感情豐富而且會避免樹立敵人，因此容易相處，能夠和他人產生共鳴。這種人很少會有吃虧上當的時候。他們看起來很容易妥協，但事實上卻很固執，一旦有了自己的主張，就會按照自己的想法去做，他們多有一張非常實用而廣闊的人際關係網。

尖酸刻薄

　　這類型的人缺乏禮貌，極為挑剔，似乎永遠沒人能夠讓他們感覺滿意，而且嫉妒心強、愛搬弄是非，看到別人比較好時，他們就會肆意污蔑他人，心胸狹窄。這樣的性格使他們人際關係並不好，大多不受周遭人喜歡，但是他們自己往往沒有意識到這點。

堅強剛毅

　　這類人能夠做到真正的大公無私，他們大多組織性、紀律性強，辦事堅持原則。但缺點是比較固執、不善變通，有時做事有些專制和決斷，不給他人商量的餘地，所以在一定程度上很容易得罪人。但因為辦事能夠做到公正、公平、公開，為人光明磊落、實事求是，所以還是得到了絕大多數人的支持和擁護。

浮躁易怒

　　這類人做事欠缺周密的思考和完善的計畫，只憑著一時的情緒採取行動，但是卻又缺乏耐性，不能循序漸進穩步前進，而是急於求成，可結果多不盡如人意，欲速而不達。他們也無法面對困難和挫折，很容易中途放棄。

盪氣迴腸

　　這種人具有比較強的好奇心，而且思想比較獨特，常常會有一些出人意料的高見。有時較為叛逆，敢於向傳統和權威挑戰。因為好奇，所以對新事物的接受度很高。但是他們在為人處世的方面，往往會欠缺沉著與冷靜的態度，所以常會導致自己被孤立。

語言傳遞的訊息⑨

口頭禪

語言是人內心最直接的反應。很多時候，儘管對方回答了問題，但是我們可以從若有若無的口頭禪中找到突破點，成功發現真實狀況。

在人與人交往的過程中，不可避免地一定會有語言上的溝通。語言是人內心最直接的反應。很多時候，儘管對方回答了問題，但是我們可以從若有若無的細節中找到突破點，成功發現真實狀況。

人們實際回答問題時所不自覺說出來的口頭禪，往往是對方內在性格和內心真實情緒的一種隱藏表現。

①「真的……老實說……的確……」這樣的話語，可以輕易看出對方內心的著急。強調自己沒有騙人，希望對方相信自己，這種人極度擔心對方誤解自己，一旦對方的意見與自己不一樣，就會著急甚至想要強迫對方相信。這樣的人有些急躁，內心常常有不平的情緒。

②對詢問的事情，說出「**應該……必須……必定會……**」的人，其自信心強，為人處世理智且冷靜。在與人交談時自認權威，相信自己能夠說服對方相信自己。但另一方面，「應該」這個詞說得過多的時候，表現出「動搖」心理，希望別人順從自己、長期位於管理職的人，容易形成這種口頭語的習慣。

③「聽說……據說……聽人講……」這種語言，很明顯是在為自己留餘地，這在心理上是**沒自信**的表現，總想出錯時能隨時為自己開脫。這種人一般見識較廣，知道得比較多，但是決斷力不夠，遇事難以果斷處理。常用這個口頭語的人處事圓滑，懂得保護自己。

④「可能是吧……或許是吧……大概是吧……」這種口頭禪的人，有很強的自我防衛本能，總是害怕受到傷害，不會輕易將內心的想法完全暴露出來。他們在待人處事方面很冷靜，所以人際關係很不錯。

說出這樣的話，也有以退為進的**含義**。事情如果是正確的，他們會說：「我早知道會這樣」，而一旦事情跟他們預料的不一樣，他們也會說：「當初我也只是猜測，沒想到猜錯了」。明顯地將自己的真實想法隱藏起來，很多**政治人物會有這類**口頭禪。

⑤還有一些人喜歡在別人說話的時候用「**但是……不過……**」的詞語插話。這種人看起來似乎是在委婉地表達自己的意見，但很多時候，他們只是將自己的攻擊性隱藏在話語後面。習慣說「但是」的人比習慣說「不過」的人更具有主動的攻擊性。這種人是有些任性的，在自己的話語中提出一個「但是」，是為自己**辯解**；而在別人的話語中插入一個「但是」，就是**隱晦地反駁對方**，而且希望吸引其他人的注意。

很多人會覺得這類人性格溫和，很好相處，但事實上這類人很擅長在溫和外表下打擊別人，所以與之相處，需要多留意。很多從事公共**關係**的人會常說這樣的口頭禪，因為它表面上帶來委婉意味，不會有冷淡感，確實是接近人的一個好方法。

⑥此外，有些人說話的時候，並沒有很明顯的口頭禪，只是習慣性的用「**啊……呀……這個……**」，來表示自己的感情。這是由於常用的詞彙較少或者是思維緩慢，利用說話時的間歇時間來思考，而形成的口頭禪。

我們可以先這樣這樣，再那樣那樣，最後就這樣那樣了！

因此，常用這種口頭語的人，反應有些遲鈍，思維較為呆板。也有一些在特定的場合，因為害怕說錯話，而故意使用這種口頭語來緩衝氣氛，利用停頓來仔細思考的情況。

語言傳遞的訊息⑩

稱謂與人際關係

對很多人來說，稱呼並不僅僅是引起對方注意力的一個代號，更多的時候，它是一種關係的體現。

　　除了比較固定的稱呼體現人與人之間的關係親密度之外，人們初見時的稱呼變化也會體現兩個人的關係親密度，甚至是心理變化。人與人之間一旦熟稔起來，說話和稱呼都會越來越隨性，如果稱呼從「先生」變成了「大哥」，就代表著兩個人的關係更緊密了。還有在商店裡，店員稱呼初見面的顧客為「老闆」這種尊稱，而在熟悉之後，「老闆」二字前就會冠上對方的姓氏，甚至演變成一種暱稱，這種叫法在無形中就拉近了彼此的距離，這裡總結了一些關於稱呼和關係的範例：

稱呼對方「先生」「女士」

　　多是工作中的上下級關係，當上司和下屬一起喝酒時，上司對下屬直呼名字或者直接叫「你」，這個時候大多表示兩人之間的上下級關係還很明顯。如果是同等級職務的兩人，也稱呼彼此「先生」的話，說明他們之間心理距離還相當遠。

稱呼「小×」「老×」，或直接叫外號

　　這已經是非常親密的叫法了，女性這樣稱呼男性，表示關係非常親密。但是如果是男性這樣稱呼女性的話，很有可能是男性單方面在向女性示好，而且男性稱呼女性為「小姐」的情況比較普遍。

直呼其名

　　關係親密的表現，但是也有一些人會用全名稱呼自己的戀人。從心理上說，這也許是以一種刻意的疏遠來表現親密，有一點欲蓋彌彰的味道。最開始的時候，可能會在稱呼加上「先生」「女士」等，後來慢慢改為小名，再慢慢發展為全名，最後可能已經脫離名字而有其他稱呼，

稱謂表現出的彼此關係

這種稱呼全名的情況若不是關係特別惡劣，就是關係已經友達以上，戀人未滿了。

「您」、「你」的稱呼

常出現於**表示尊敬和拉開距離**。如果一個人以「您」尊稱，代表自己放低了姿態，向他人示弱，而且這種稱呼從任何角度來看，都有一種不平等的意味。而稱呼「你」，則更多是在拉開心理上的距離，與「您」相同的是，這兩個稱呼都有一種希望互不侵犯的意味，屬於「你是你，我是我」的狀態。

「那個……」等指示代名詞稱呼

有兩種狀況會使用這樣的稱呼，一種是很**熟悉**的人，比如夫妻。這個時候採用相同的稱謂，是雙方的默契表現。但是如果這種稱呼出現在剛相識的陌生人，則有著一種輕視的意味，這是因為如果連對方的名字都記不住的話，就更不會重視這個人。所以如果不是非常親近的人，這種稱呼要慎用。

稱呼的改變不僅有著客觀關係上的變化，也有著主觀的原因。在跟他人相處的時候會突發奇想地給對方取外號，或是跟隨對方親密朋友的叫法想拉近彼此的距離，這種狀況有時要特別留意。

語言傳遞的訊息 ⑪

笑的聲音

笑的本質是愉快的情緒表徵，是最常見的表情，也是含義最複雜的身體語言。

　　笑容的力量無窮無盡，一個能時時展現迷人笑容的人也擁有無窮的魅力。達文西的名畫「蒙娜麗莎」讓人印象深刻的原因，莫過於她神秘的微笑，她的微笑總讓人覺得心情舒暢，也會對她產生好感。

　　笑的本質應該是愉快的情緒表徵，但有時候，痛苦到極點或感到無可奈何的人也會用大笑來發洩悶氣。可以說，**笑是最常見的表情，也是含義最複雜的身體語言**。

　　笑雖只有聲音，卻是最能夠表達溝通意圖的語言，一個人的笑聲也可以反應出一個人的性格特徵。

　　①有的人在高興的時候，會發出「哈哈哈」的笑聲，這大多是所謂的豪傑型的人，因為一般人很難發出這樣的笑聲，而且這也說明這個人身體狀況極佳。然而，這種笑聲實際上帶威嚇感，會震懾他人，容易使人心生警戒。

　　②很多人在沒信心或抑鬱不快的時候，會用「呵呵呵」的笑聲來掩飾內心的感情。這種笑聲比較溫和，不會給人壓迫感。另外，人們在心浮氣躁或者身體疲倦的時候，也會發出這樣的笑聲。

　　③笑起來發出「唏唏」聲音的人，多半能夠嚴格要求自己。這樣的人想像力比較豐富，常常會有一些驚人的舉動，卻不會讓人產生反感的情緒。

　　④笑聲尖銳刺耳的人，生活態度**積極樂觀**，為人比較忠誠可靠。他們的情感細膩且豐富，有著良好的人際關係。而且這樣的人具有一定的冒險精神，精力充沛喜歡旅行。

⑤笑起來聲音柔和而又平淡的人，性格沉著而穩重，能夠保持頭腦清醒和冷靜。他們較明白事理，也善於解說與溝通，能夠很好地化解矛盾和糾紛。

⑥只是微笑但並不發出聲音的多是內向而且感性的人，他們的性情比較溫柔、親切，能夠給人一種很舒服的感受，屬於比較好相處的人。但是他們也比較情緒化，容易受到他人情緒的感染或者被他人打擾。

笑的方式也可以分析出這個人的性格：

①經常悄悄微笑的人，性格比較內向、害羞，而且相對來說比較傳統和保守。一般來說，這樣的人心思都非常縝密，理性思維強，頭腦異常冷靜，很善於隱藏自己，在為人處世方面又顯得有些覥腆。但是他們對他人的要求往往很高，不會輕易將內心真實的想法告訴別人。

②平時看起來沉默少言，但笑起來卻一發而不可收拾，這樣的人是最適合做朋友的。他們通常都十分看重友情，在陌生人面前比較沉默，顯得不夠熱情、親切，但一旦真正與人深交、成為朋友，會真誠相待，而且活潑熱情。基於這一點，有很多人都樂於與這樣的人相處，他們自己也能夠營造出比較和諧的社會人際關係。

③笑起來斷斷續續，笑聲聽起來很不舒服的人，性情大多是比較冷淡而漠然的。但是他們的觀察力在很多時候卻是相當敏銳，能準確地觀察到他人心裡的真實想法，然後投其所好，見機行事。

④捧腹大笑的人，大多心胸開闊，當別人獲得成功的時候，他們有的只是真心的祝福，很少產生嫉妒的心理。這樣的人性格多是很直率而且很真誠。

他們往往能夠直言不諱地指出朋友的缺點，也會在自己的能力範

圍內幫助他人。

　　這些人也是不折不扣的行動主義者，一旦想到要做的事情，或者決定要做的事情，馬上就會付諸行動，非常果斷和迅速，絕不拖泥帶水。在別人犯了錯以後，他們會指出來，但是也會給予最大限度的寬容和諒解。他們很有幽默感，總是能夠讓周圍人感受到他們所帶來的快樂，也因此他們身邊總是圍繞著很多的朋友。

　　⑤齜著牙笑是一種很典型的假笑。這樣笑的時候，一般是**沒有表現出自己的真情實意**。如果一個人說著「別為此擔心」或者「沒什麼大不了的」這樣的話語時，卻流露出這種面部表情，那就表明其實他們真正的想法正好相反。

4

解讀他人的興趣

　　每個人都有自己不同的興趣，有什麼樣的興趣在某種程度上表現性格上的偏好。

　　看見練習舞蹈的人，應該怎樣搭訕？看見在獨自喝酒的人，應該以什麼話題切入？當一個人開著車停在你面前的時候，應該用什麼樣的態度對待對方？當一個人閱讀的時候，用什麼話題可以吸引他的注意力？當一個人喜歡玩不同遊戲的時候，怎樣可以博得對方的信任？當一個人有著奇特的蒐集喜好的時候，又該如何解讀背後的資訊？

運動

人之所以選擇不同的運動，大部分都和他們的性格有關，因為人們喜愛的運動類型，更直接反映出這個人的性格特徵。

人之所以會熱衷於不同的運動，大部分都和他們的性格有關。有些人習慣有人陪，有些習慣獨自行動，還有些人偏好團體運動，比如籃球、足球等，雖然運動的場所，能或多或少傳遞一些個人的訊息，但是一個人喜愛的運動類型，能更直接反映出這個人的性格特徵。

室内型個人運動

例如舉重等室内型個人運動，那麼這個人應該比較在意形式，而不太重視內涵。舉重可以賦予一個人令人稱羨的力量，容易讓人覺得自己很特別，這是一種比較浮誇的表現。

戶外型個人運動

喜歡衝浪等戶外型個人運動的人通常認為自己是特別的，**喜歡展露自己特殊的品味**，不喜歡跟隨大眾，極具冒險精神。他們對於時尚流行也很有把握，但是卻喜歡將自己異類化，行為經常不符合傳統。

室内且多人一起運動

喜歡有氧舞蹈或瑜珈等，位於室内且多人一起運動的人，對自己的身體抱著一種**圓融**的態度，因為這種運動要求動作之間的流暢度以及自然的連接。不僅僅是具有視覺的美感，也能培養耐力，在運用肌肉力量之外，還要注意優雅。這類人通常不會排斥繁瑣又乏味的工作，因為他懂得如何把工作當作喜愛的運動一樣去征服。

特定場地的運動

喜歡位於特定場地，例如滑雪的人熱愛炫耀自己，喜好**追求時髦**，

不同的運動類型與性格

看起來就是要壯！

慢慢來，急也沒用！

與眾不同的感覺真好！

邊工作邊運動，
一石二鳥

對平凡和庸俗的事物甚是不屑。這樣的人一般多才多藝，個性好強，而且不懂得如何與人相處，很難博得他人的好感。

極限運動

會嘗試高空彈跳這類極限運動的人，對新事物毫不畏懼、變化性強且活力十足，而且**喜歡接受挑戰**。一旦決定的事，不達目的絕不罷休。但是這種個性也容易得罪朋友而不自知，不利於人際交往。

戶外公共場所運動

在馬路、公園散步或慢跑、騎自行車這類戶外公共場所運動的人，對需要緊急完成的計畫沒興趣，不喜歡花費太長的時間去做某一件事，也不喜歡吸引他人的注意。但是他們卻是**很有耐心**的人，不害怕面對挫折和困難，對自己很有自信。

邊做事邊運動

還有一些人喜歡邊做事邊運動。比如坐在電腦前不時將腿抬起落下或是站著等人的時候，不時地跳躍，這樣節省專門運動的時間也完成了工作。這種人一般想像力豐富，跟別人相處的時候耐性極好，很少有人能讓這種人覺得無聊和煩躁，不過有時他們做事的耐性，卻會讓他人覺得有些無聊。

音樂

音樂是現代人生活中主要的娛樂活動之一。而音樂的選擇，也反映出其性格，因此對認識一個人來說也是有著很重要作用。

音樂是現代人生活當中主要的娛樂活動之一，有的人把音樂當成知己，向音樂傾訴自己最深的感觸；有的人把音樂當成畢生理想，堅持不懈地追求；也有的人把音樂當成導師，用來激發自己的活力和動力。透過分析喜愛音樂的種類，可以窺探人的某些性格。

交響樂

喜歡交響樂的人大多信心十足、躊躇滿志、**積極樂觀**。他們遇事通常積極面對，而且樂觀的性格使他們能夠迅速和他人打成一片。交響樂的氣勢磅薄，象徵著一種不平凡，也因此這類人很喜歡表現自己，想顯示自己的與眾不同，這讓他們看起來有些虛榮。

搖滾樂

喜歡搖滾樂的人**害怕孤獨**，不能忍受寂寞，經常把持不住自己，做出令自己後悔的事情。而且喜歡到處張揚、引人注目。但是他們又能夠將愛好作為指導，懂得借用搖滾巨星的光環使自己在世俗當中趨於平靜，得到心靈上的慰藉。這類人也樂意與志同道合的人交往。

進行曲

喜歡進行曲的人大多墨守成規、不知變動、滿足現狀。同時**對自己要求也很高**，不希望做的事出現任何差錯，但是現實總是讓他們失望，甚至產生逃避的念頭。

古典音樂

喜歡古典音樂的人，能**用理性壓住感性**，他們在很多時候要比一般人懂得如何自我反省，知道什麼對自己有用，什麼沒有。他們可以從

不同的音樂類型與性格

交響樂　　搖滾樂　　進行曲　　古典音樂　　爵士樂　　歌劇　　打擊樂

音樂中汲取相當多的人生感悟,但是卻很少與人交流,得不到思想和情感的共鳴,使得他們常常形單影隻。

爵士樂

　　愛好爵士樂的人,感性成分的比例較一般人大,較不會對現實進行理性的分析。不喜歡受到約束,喜歡無拘無束的生活,**希望能掌控一切**,也時常冒出新奇的想法,並且會追求創新和改變。但是現實的生活常讓他們感到莫名的恐懼。矛盾的性格給他們蒙上了一層神秘的色彩,在人前,他們永遠魅力十足。

歌劇

　　喜歡歌劇的人思想保守,容易情緒化和偏激,但是他們很有自知之明,所以會時刻控制住自己,不讓自己失控。他們有著很強的責任感,做事認真而負責。追求完美的心理,讓他們力求以一個完美的形象出現在大眾面前。

打擊樂

　　喜歡打擊樂的人,這類人大多耿直爽快、性格外向,**對生活充滿正向希望**,對自己的未來也有著精心的計畫。他們為人處世溫和而圓滑,與人說話談笑風生,社交能力很強,在人群中很受歡迎。

　　還有喜歡背景音樂的人,想像力一般都很豐富,而且生活有點**脫離現實**,但這類人自制力很強,所以很快就走出失望困惑。他們通常有著很敏銳的洞察力,往往能夠在不經意間捕捉到許多有用的資訊。

興趣透露的訊息③

酒

酒的選擇愛好和一個人的性格往往有著某種不可分割的聯繫，注意對方對酒的選擇，仔細揣摩，就能夠看出對方性格中的一些特徵。

交際場合中，酒所起的作用難以估量，它可以順利營造出一個和諧的氣氛，加深彼此的感情。注意對方對酒的選擇，仔細揣摩，能夠看出對方性格中的一些特徵，從而留意相處時的細微末節，做出對自己有利的安排。

①喜歡喝啤酒的人性格比較溫和，**樂意幫助別人**。他們常常逢迎別人，容易獲得別人的好感。但也因此，往往比較沒有主見，容易慌亂無措，有時甚至會選擇隨波逐流。當發現喜歡喝啤酒的朋友煩惱時，如果主動給予幫助，很容易就能得到他們真心的感謝。

②選擇香檳的人本身帶有一種高貴和優雅的氣質。一般來說，喜歡香檳的人並不是喜歡香檳的味道，更多是側重於香檳所顯示的身分地位。因此一般都是**講究身分、注重地位**的人，大多擁有很強的經濟實力。面對這種人，最好顯示自己高雅的品位和修養，要有自己獨特的見解和想法，這樣會比較容易獲得對方的好感，讓談話能夠良好地繼續下去。

③白酒（高粱類的穀類蒸餾酒）是一般華人比較喜歡的酒。喜歡白酒的人，一般個性都很**豪爽**，對待他人很多時候都是真心誠意的。但是白酒也有高低濃度之分，喜歡不同度數的酒，也有著不同的性格。

選擇低濃度白酒的人，人際關係都不錯，與人相處融洽。他們也擁有積極樂觀的生活態度，即使是曾經傷害自己的人向自己求助，也會忘記前仇傾力相助，使得他們很容易被別人利用。在這種人面前示弱、放低自己的姿態，一般都能引起對方的同情，有利交流。

從飲酒觀察不同的類型與性格

| 啤酒 | 香檳 | 白酒 | 葡萄酒 | 雞尾酒 |

　　喜歡高純度白酒的人，個性好強、為人強勢，無論碰到什麼事情，都希望自己做主，為人爽朗，不介意向別人袒露自己的心聲。這種人不喜歡盲從權威，熱衷於冒險和挑戰、嚮往自由。面對這樣的人，多徵求他們的意見，**讓他們感覺受到尊重**，就很容易獲得他們的好感。

　　④選擇葡萄酒的人，同樣是酒，葡萄酒象徵獨有的浪漫氣質，在浪漫情調的氛圍下，才能細細品嘗著帶有浪漫色彩的葡萄酒。在**潛意識中非常在意自己的感受，強調豐富的人生樂趣**。在工作和生活中，用低調的奢華，不露痕跡地表現自己「沉默的高貴」，是他們孜孜不倦的追求。

　　⑤選擇雞尾酒的人，大多是喜愛玩樂的新新人類，他們很重視喝酒的氣氛。但如果是不重雞尾酒本身，而著重於雞尾酒絢麗名字的人，則屬於比較懷舊、容易傷感，而且**性格比較脆弱**的人。

　　⑥選擇威士忌加冰可以說是真正喜歡喝酒的人。這種人一般是**實用主義者**，性格開朗，不愛裝腔作勢，與人相處之時喜好分明，並不會因人而有所不同。

　　當然也有不喝酒的人。這種人如果不是酒精過敏，就屬於很固執的人，他們要求自己保持清醒，害怕酒後失態。大部分情況下，他們不太聽他人的意見，也不會隨便表露自己的真實情感。跟這樣的人相處起來讓人頗費心思。

車款

選擇同一種類型車的人，性格會有某些相似性，而這些相似點，正好可以表示車的選擇與內心性格的關聯。

對車的喜好，也是內心性格的一種反應。崇尚流行的年輕人，選擇絢麗帥氣的跑車；沉著穩重的中年人，選擇色彩沉穩的商務車。這裡對車種分成了以下幾種類型：

①考量省油的人，必定是個腳踏實地，而且非**常現實**的人。會選擇省油車的人，考慮的多半是經濟因素。大多數人都希望自己的交通  工具能夠經濟且便利，省油是一個很實際的選擇。所以，這種人的選擇是最為直接、**明確定位自己的身分**。他們清楚瞭解可以放縱的時光已過去，現在必須穿著得體、舉止優雅。很大程度上這種人最關心的不是如何獲取身分地位，而是如何保有目前已經得到的身分和地位。

②選擇進口車的人，對大部分國產車的品質都抱持懷疑的態度。以愛國為號召很難打動他，對他來說，車的品質大過愛國的情懷。為  了國家尊嚴而犧牲自己的利益，是可笑而且不可能出現的情況。

③吉普車能夠到達並探訪其他交通工具無法到達的地區。對於愛好者來說，吉普車就是為了**吃苦耐勞**而存在，不需要空調，不需要美 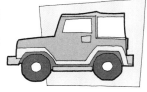 觀的烤漆，也不需要動力方向盤，只要能夠到想去的地方，達到自己的目的就足夠了。另外，也有很多較為瘦小的男性或體型嬌小的女性也偏愛吉普車，因為吉普車的狂野和高大，能夠形成一種武裝，給人一種安全感。

④選休旅車的人。這可能是一位郊區的
居民，因為休旅車可以處理大量的私事，也
可以用來完成各種公事，比如大採購、送孩
子上下學，或者是員工的聚會與公司物品的
運送等等。這就像美國的中產階級，傾向於**享受安逸和休閒的生活**。

⑤選豪華高級車的人，可能很有錢，可
以揮金如土、揮霍生活；也可能很窮，不過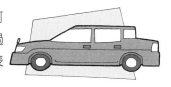
是看起來有錢。無論如何，這種人都希望**表
現出自己的與眾不同，展現自己的影響力。**
一般來說，他們衣著的剪裁和房子的大小，也可以看出他們期望與眾不
同的願望。然而，對於這種人來說，他們心中成功的感覺，多半來自他
人的讚美，而不是由衷對自我的肯定。如果別人看起來比自己有錢，就
會覺得自己落了下風，比如看到別人開勞斯萊斯，他們心裡就會一整天
都不舒服。

⑥選擇敞篷車的人，他們害怕與世隔絕，
害怕被束縛。因此，他們總是**希望這個世界能**
夠看見他們。他們可以享受風輕輕吹撫髮梢，
還有陽光照耀的溫暖，敞篷車帶來的那份**瀟灑**和自由自在的形象讓他們
覺得很安心，這種人就算到了不惑之年，恐怕也會開著敞篷車讓世界看
見他活得精彩。

⑦還有一種選雙門車的人，他們對於事物
有著強烈的控制欲，因為別人一進入他車子的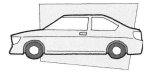
後座，就成了他的俘虜，沒有出入方便的逃生
門。雙門車對於那些有著極度控制欲的人來說有著某種致命的吸引力。
掌握他人生命的感覺，讓他們覺得很享受。很多時候，這種人只要自己
輕鬆舒適就好，並不會在乎別人的顧慮或目的。

興
趣
透
露
的
訊
息
⑤

閱讀習慣

知識是人類進步的階梯，讀書不僅可以使人明理明智，還能增加人的
內涵修養，而人所讀的書與其性格有著密不可分的內在關聯。

人所讀的書與其性格有著密不可分的內在關聯。人在閒暇時間喜歡
閱讀的書籍種類各有不同，而他們個性的特徵就有著不同。從習慣閱讀
的書籍，瞭解個性上的特點以及情緒的某些變化很有幫助。

①喜愛閱讀浪漫言情小說的人，通常感情較為**豐富充實**，有很強的
洞察能力，而且對直覺深信不疑，對生活充滿信心。而且，**在陷入困境
或者面臨失敗的時候，這種人能頑強抗爭，不會萎靡不振。**

②倘若喜歡看傳記類型書籍的人，應該是深思熟慮、野心勃勃，卻
又腳踏實地的人。這類型的人謙遜好問，**善於衡量利弊得失**，能夠統籌
全域，不會打沒有把握的仗，條件不成熟就絕不會越雷池一步。

③如果喜歡喜劇書籍，那麼憂愁、痛苦和煩惱一定和這個人無緣。
因為喜劇書籍帶來的是歡笑，這個人必屬樂天派，他們風趣幽默，對自
己充滿信心，與之相處的朋友都能感到開心愉快。

④常閱讀報紙和新聞性刊物的人，是**意志堅強的現實主義者**。他們
一般很關心國內外大事，關注國際趨勢變化，希望自己的言行能夠隨時
跟上時代的腳步。這種人一般思維敏捷，且**善於接受各種思想**。

⑤要是對海報或是大型畫冊興趣盎然的人，通常也愛結交朋友，習
慣身邊圍繞著很多人。喜歡在家裡舉辦宴會，而本人也是一位十分稱職
的主人，能夠讓每一個參加宴會的客人乘興而來，滿意而歸。

⑥倘若愛看偵探推理類書籍的人，他們勇於接受思想上的挑戰，**邏
輯思維能力很強**，擅長推理，解決各種難題。對別人望而止步的難題，
他們通常倍感興趣，以解開難題為樂事。

⑦喜歡科幻叢書的人思維發達、想像力豐富，常著迷於科學技術，**喜歡為將來擬定計畫**，會將自己的工作做得十分出色，能讓自己的生活變得更美好，但較缺乏持之以恆的精神。

⑧經常閱讀婦女方面報導的人，一般希望自己能夠成為女性當中的佼佼者，極具進取心，**工作時嚴格要求自己、行事謹慎**，不希望因為自己的過失或疏忽鑄造大錯，給自己和他人帶來損害和遺憾。

⑨喜歡閱讀財政經濟類書報雜誌的人自尊自重，崇拜那些在事業上卓越發展的大人物，並以他們為榜樣。不論在事業還是生活方面，都**希望能充分發揮自己的競爭力**，達到自己期望的人生高度。

⑩對一些流行時尚雜誌格外青睞和喜愛的人，**虛榮心重**，在意自己的外貌和打扮，生活中會盡力改變自己在別人心目中的形象。如果是女性，則更會花大量的時間和金錢整理自己的儀容。

⑪如果特別喜歡讀詩歌應該是熱愛生活的人，他們認為大自然的藍天、大海、高山、流水、飛禽走獸等是那樣的美好，令人心曠神怡。與此同時，有意識地在詩的薰陶下，進行反思，使心靈得到淨化。

⑫喜好閱讀歷史相關書籍，就說明這個人**尊重事實，講究實際和重視效果**。他們會把時間安排得滿滿的，大多用在工作或者學問上，並不會在毫無意義的閒聊場合裡露面，也不會和無所事事的人交往。

還有一些人非常喜歡看恐怖故事，這種人或許是對生活感到厭倦而心情抑鬱，或許是無法面對激烈的競爭所帶來的巨大壓力，也或許是面對屢次的失敗而不堪重負。

為了擺脫內心的空虛焦慮，用恐怖故事來刺激自己，使自己暫時忘卻煩惱。許多因為生活原因而沉迷於恐怖故事的人，往往沒有辦法得到最終的成功。

興趣透露的訊息⑥

益智遊戲

益智遊戲，就是以新方法和舊知識來解決問題，需要適度的思考。經常接觸益智遊戲，會極大程度地開發自己的潛能，使人變得更聰明。

　　益智遊戲會極大程度地開發自己的潛能，使人變得更聰明。然而，不僅是這些，喜歡進行不同益智遊戲的人，性格和思維方式也有著相應的特徵，所以可以用來觀察一個人的性格特徵。

　　①喜歡拼圖遊戲的人，他們常常會受到意料之外的事情所干擾，使得事情功虧一簣。不過這一類人具有一定的忍耐力和信心，面對挫折和困難不會輕易地放棄，能夠保持堅強的奮鬥意志。

　　②喜歡填字遊戲的人看重效率，希望在最短的時間內，用最少的精力完成某件事情，但有時不太容易，所以常常會感到失望。與人相處時彬彬有禮、風度十足，而且大多有著堅強的意志和強烈的責任心，不會逃避生活中的困難和難關。因此，他們在各方面都很容易取得成功。

　　③喜歡魔術方塊的人大多自主意識比較強，希望能夠獨自完成事情，而對自己負責。他們相當善於思考總結，對事情有自己的想法和建議，不喜歡別人限制他們的自由，希望能夠自己掌握自己的生活。

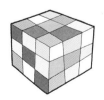

　　④喜歡將某一單詞的字母隨意顛倒順序，組成新單詞這種字母遊戲的人，思維反應相當靈敏、隨機應變能力強，而且能迅速而準確地洞察到他人的內心，加上比較隨和，很容易與人打成一片，極受歡迎。

⑤喜歡數位益智類遊戲的人，他們大多邏輯思維能力比較強。這種人的生活幾乎都極有規律，然而為人處世較不圓滑，稜角分明的個性很容易傷人傷己。不過他們並不是刻意與人為敵，而是過於自律的性格使得他們對待別人也是一視同仁的嚴苛。

⑥喜歡玩智力測驗的人，一般沒有什麼規律，他們對於輕重緩急並沒有一個清楚的認知，常做出本末倒置的事情。儘管如此，他們也不會為此而懊惱或者後悔，反而是找出各種理由安慰自己。這類人的生活環境也常是雜亂無章，和他們做事的習慣一樣，永遠不按章法。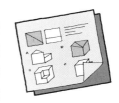

⑦喜歡神秘益智類遊戲的人，性格中最顯著的特徵就是疑心比較重，某一些細微的差別，就能讓他們變得極其敏感，然後成為懷疑的依據。他們會不斷地研究問題，但緊接著又會為沒有解決方法而苦惱。他們會試圖解決困難的問題，卻又會再度陷入困境，矛盾地讓人無法與他們相處。

⑧還有一種常見的益智遊戲，是在兩張照片中尋找不同處。喜歡玩這種遊戲的人，大多數生活得並不輕鬆，過於追求完美的他們，總是把目光放在不完美的地方，久而久之，他們的胸懷也變得狹隘而自私，較無法看到他人的優點，但又總是盯著小缺點不放。更甚者，他們總是無理地指責親友，而讓自己處於孤立之中。

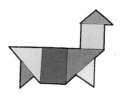

興趣透露的訊息⑦

收藏品

從佛洛伊德的投射理論角度來說，不同的蒐集愛好也是一個人心理活動的投射。

　　每個人都有一些想要擁有的東西，擁有得多了，就會變成收藏，比如有人喜歡蒐集郵票，這很大程度上是一種藝術上的收藏。

　　但是生活中，許多人喜歡蒐集一些生活常見的物品，如有人喜歡蒐集獎狀，還有人喜歡蒐集剪報，或是照片等，這些收藏能反映出一個人的性格。

象徵榮譽的物品

　　例如獎章、證書的人，通常對自己的現況有些不滿，覺得曾經的輝煌逝去得太快，光榮不應該那麼快過去，應該繼續享受掌聲和鮮花。他們依靠不斷地回憶過去的光榮歷史來撫慰自己的心靈，守著曾經擁有的輝煌，不肯向前看，依靠記憶活著是他們做出最錯誤的選擇。

書籍、雜誌和報紙

　　大多學識淵博而且具有上進心，獨處的時候也能自得其樂。不過雖然藏書很多，擁有豐富的資料，但如果蒐集過多雜誌和報紙這種具時效性讀物的人，在現實生活中可能比別人慢半拍，缺乏冒險精神、不願意創新。

照片、明信片

　　這類人經常回憶過去，他們將自己的人生看作是自編自導的戲，照片就是這場戲的紀念。儘管對過去有些戀戀不捨，但是他們並不是守舊的人，因為他們總是看向未來，希望未來的路會更美好，能夠完成一本更精美的相冊。

收藏品直接展現的主人性格

榮譽的物品
・對現況不滿
・不肯向前看
・靠記憶活著

書籍、雜誌
・有上進心
・慢半拍
・不願創新

照片、明信片
・展望未來
・經常回憶
・懷抱希望

藝術品、古董
・知識淵博
・氣質儒雅
・注重自己的形象

各種票據
・組織和領導力強
・喜歡按部就班
・生活一成不變

玩具或公仔
・容易滿足
・懂得分寸
・懷抱希望

藝術品、古董

　　因為藝術品和古董代表高雅和博學，而且是財富的象徵；有能力蒐集這些東西，也象徵自己的地位和身分，所以**蒐集藝術品的人，大多比較注重自己的形象**。收藏品的檔次和價值，也是收藏者之間品位和眼光的較量，所以這種人擁有很強的好勝心，不會輕易服輸。

各種票據

　　會將一些舊票據分門別類收好的人，大多有很強的組織能力和領導能力，**做事條理分明、喜歡按部就班**。但也因為過於細膩，很多時候他們的精力都用在無用的細節與沒有意義的過程中。也因此，他們的生活幾乎是一成不變的。

玩具或公仔

　　很多人認為玩具是小孩子玩的，不適合成年人，蒐集玩具換句話說就是沒有長大。這在一定程度上是正確的，因為**蒐集玩具的人一般比較容易滿足**，懂得分寸、戀家，希望有寧靜安逸的生活。他們懷念過去，自豪於自己的曾經，並竭力地記住曾經的快樂。這種人童心未泯，會想方設法地激起自己興奮和幸福感，讓自己保持快樂。

5

解讀他人的處世哲學

　　每個人的處事原則不盡相同，很可能對某些人來說，追求完美是他們一生的目標，但是這很可能是別人望而遠之的恐懼來源；很可能對某些人來說，與他人愈是親近，他們自己則愈有安全感；但對有些人來說，太過親近反而沒有安全感；很可能對一些人來說，別人的表揚讓他覺得受之無愧，也可能有人對表揚敬而遠之。

　　不同的人可能蘊藏著不同的處世態度。一個人想要推脫責任時，會採取什麼樣的辦法？一個言辭謙虛的人，背後有著怎樣的心思？人的內心很奇妙，讓我們一起審讀他人的處世哲學，看穿他人面具下的真實。

如何面對完美主義者

完美主義者最大特點就是追求完美,他們對別人大公無私,對自己要求也很嚴格,在別人眼中難免就會顯得苛刻。

完美主義者最大特點就是追求完美,而這種追求完美的欲望,建立在認為事事都有瑕疵和不滿的基礎上,因此完美主義者們容易深陷矛盾之中。他們在強迫自己追求更完美的過程中長大,當他們成長、蛻變時會著重於培養自己,如果成長的環境較正面,那他們會具有一些優秀的品格,比如:事業心強,願意為工作付出較大的精力。在評估事物時,他們的價值觀也較好,因為他們強調公正,要求坦率誠實。

儘管世上沒有十全十美,但是完美主義者卻帶有一股與生俱來的衝動——會耗費所有精力做到最好,甚至更好。**他們無法對不完美的事物置之不理,所以會訂下計畫並執行。**但是隔不了多久、或者在他們的計畫就要完成時,又產生了疲倦和事不關己的感覺,因為在事情發展的過程中看到太多不完美,卻沒有辦法改變,這種無力感日積月累,使他們整天生活在挫折、失敗和憤慨的情緒中而無法自拔。

當然,這種追求完美的性格,有些時候也會讓他們能量四射。因為在決策前,他們一定會研究所有相關細節,以確保萬無一失,同時還會認真衡量投資報酬率。基於效率的考慮,還會把每一個人、每一件材料都用得恰如其分,決不浪費人力、物力和財力去做沒效益的事情。有時**蒐集資訊到了鉅細靡遺的地步**而有些耗時,但是這種態度對於一個正確的決策來說,確實是不可缺少的。

其實每個人或多或少有著不同程度的完美主義,這使我們能夠在工作的過程仔細認真,不會出太大的差錯。但是,完美主義常超出限度,過於詳細地分析,哪怕這個細節不會有任何實質上的意義。在愛情的態度上,他們對配偶的要求也是很高的,不過他們對愛情的忠誠也讓人驚

完美主義者不能忍受被忽略或看不起

歡,或許正因為用情「過專」,他們很容易在愛情的旅程中受到挫折和傷害。完美主義的要求使得他們對任何事情都十分負責,更是非常關心戀人的一切,為了獲取戀人的歡心,他們會比過去更勤奮地工作。但在**熱戀時,卻不太主動,有時甚至採取無所謂的態度**,這是完美主義者性格上的獨立所造成的。他們認為人生最大的目標不應該著重小情小愛,而應關注事業的成就,對太頻繁的約會也會讓他們覺得浪費時間。

另外,在人際關係方面,完美主義者相當懂得克制,不會輕易發表任何看法,也不會輕易將感情流露出來。大多完美主義者都很聰明機智,有創造力和創新意識,不喜歡依賴別人,也不喜歡別人的過度依賴。別人的依賴對他們而言是沉重的包袱,而且寶貴的時間也會被其剝奪。為了保護自己的時間和權利不受侵犯,他們容易變得自私自利,這種性格直接影響到他們的人際關係。

基於自身條件較好,所以完美主義者不能忍受被忽略或看不起。完美主義者一般都認為自己是完美的,人格也是無可非議,因此他們對旁人給自己的評價十分敏感,很容易導致他們對這些評語,容易走向兩個極端,一是完全放棄,二是神經質似的失控。面對眾人的批評,他們有著驚人的警惕,而且為了避免遭人非議,更會強迫自己更完美;對於讚美,他們反而顯得不以為然。

人際間的安全距離

人的空間距離感，可以看出關係親密度。剛認識時，會保留足夠的空間以確保自己的安全感和隱私；一旦熟識了，空間距離就會明顯縮短。

每個人都希望有一定的安全感和隱私，所以為了得到這種安全感，人們會不自覺地與他人保持一定的距離，這樣在心理上感覺不受壓迫與自己的獨立。

很多人會有這樣的經歷，到餐廳用餐時，如果身旁靠得很近的是一個陌生人的話，大多會覺得不舒服，而且有些不自在，甚至有些反感。有些人為了避免這樣，會用各種辦法，或者將包包放在旁邊的椅子上，或者直接避免與人相鄰。或者在搭乘電梯或是捷運時，若身邊人太多，很是擁擠的程度時，許多人會覺得很不舒服，會盡可能避免這種身體上的接觸。這些情況，都是人的私人領域受到侵犯的感覺，在某種程度上來說，這時人們已經開始有些焦慮和壓抑了。

每個人都需要一定的自我空間，這種空間跟人們的年齡、收入，以及社會地位等因素關聯不大。研究顯示，男性對私人空間的要求比女性更為明顯，以及範圍較廣。不管是男性還是女性，一旦少了私人空間，他們就會非常無助與焦慮，甚至影響到工作和生活的狀態，這種情況在陌生人之間尤為明顯。兩個人的空間距離感，可以看出關係親密度，如果兩個陌生人在一起時，雙方都會給自己保留足夠的空間，以確保自己的安全感和隱私；一旦兩人開始熟識，兩人的空間距離會明顯縮短。關係越親近後，空間距離會越小，比如情侶之間的手拉手和擁抱，都是空間距離隨著關係親密度的改變而產生的變化。

此外，針對犯罪者的心理做出一系列專門研究發現：許多有著極端行為的犯罪分子，都是對空間要求非常強烈的人。一旦有人貿然闖入他

們內心的私密空間，他們往往會採取一些行動，這些行為在開始的時候可能是溫和的避讓和提醒，但如果情況得不到改善，則很可能釀成犯罪行為。由此看來，人與人的交往中，在空間與心理上保持一定的距離是不可避免的。過度親近，很大程度上會造成一種咄咄逼人的態度，這會讓人產生負面情緒。長時間研究發現，對空間的渴望和態度代表人的一些性格特徵。

一種是會隨時與人保持親密的人。這種人的底線很低，與親友之間的距離非常小，但若是陌生人距離可能就會稍大。他們對待親友和陌生人的態度完全迥異的，對親人朋友，他們可以無限縱容，即使是有些小小的冒犯，他們也只是一笑置之，不會太在意。若是陌生人貿然闖入他們的空間，他們的警戒心就會瞬間提高，或許在得到一個正當理由後會選擇諒解，但也不會允許被再次冒犯，或是他們會選擇直接警告，也可能什麼都不說，而以警告的眼神表示他們的防衛。而且這種防衛是無法用任何理由輕易瓦解的，不留一絲商量的餘地；也因此，這種人在他人的眼中，常常是一個很有原則，而且立場十分堅定的人。

另一種人就是隨時隨地保持距離的人。這種人很冷靜，即使是自己很親密的人，也會表現得有些冷淡，不會過分在意。他們會尊重他人，給予對方足夠的空間，以及足夠的自由。這種人認為，個人是獨立的，太過親密的關係，反而有可會傷害到雙方。因此這樣的人有點孤僻，隨時保持距離意味著他的心中有著強烈的自我防衛意識，是不信任他人的表現。這可能與他們的成長環境有關，例如幼年時缺少關愛，而讓人產生不信任感。雖然他們看起來有些冷漠和缺乏人情味，但實際上，他們內心還是渴望與人交流，渴望擁有更親密的關係，只是他們不知道如何表達而已。

被表揚時的態度

有的人追求表揚勝過財富，甚至勝於生命，並用表揚來激勵自己，甚至以此作為生活動力。因此，人受到表揚，往往會得到極大的滿足。

　　對一個人的表揚，是對他出色表現的肯定，表示他的行為或某種觀點得到人們接受，是每個人都期待的一種外界反應。受到表揚的人，往往心靈上會得到極大的愉悅和滿足。有的人追求表揚勝過財富，甚至勝於生命，無時無刻都用別人的表揚來激勵自己，甚至是以此作為自己的生活動力，所以表揚對一個人有著非常大的影響。那麼一個人在接受表揚時所產生的反應，將透露什麼訊息呢？心理學家對接受表揚的態度進行了仔細的觀測與分析，最後得出了一些接受表揚時的反應和這個人的性格心理的連結。

　　①一聽到他人表揚就會害羞的人：他們受到表揚會面紅耳赤，表現得很靦腆，這樣的人溫柔敏感、心思細膩、感情豐富卻非常脆弱，很容易因為別人的批評而受傷。這類人富有同情心，能顧及別人的感受，不會以言語或行動攻擊別人，在受到攻擊時，也多以迴避回應。

　　②有些人受到表揚會表現出不敢置信的樣子：這是因為他們害怕別人誤會他們驕傲自滿。這種人的個性憨厚淳樸，不喜歡發生衝突，會選擇犧牲自己的利益而換取他人的安寧。他們不喜歡獨處，而且在與他人交往時大多慷慨，容易與人建立良好的人際關係。

　　③聽到稱讚無動於衷的人：這種人不喜歡受到他人矚目，他人的評價對他們來說，只是不值得放在心上的閒話。他們面對身旁的事物，很多時候都能夠保持一種順其自然的態度。

　　④受到表揚會極力否定的人：他們會用詼諧的話語回敬表揚，有時還會否定那些表揚，這樣的人比較不願受到別人干擾，不論是在精神還

被表揚時的反應與個性

哈哈！不好意思啦，獎金我拿走，雞排你們慢慢吃……

是生活上，他們都傾向於獨立自主。他們表面上擁有不錯的人際關係，但實際上卻不容易和別人建立深厚的情誼。

⑤對表揚來者不拒的人：在為人處世上較為公平，會在接受別人表揚時，也適時地稱讚對方。這種人心地單純、好助人為樂，往往能設身處地為人著想，能夠肯定他人的優點，而他人也很喜歡和他們相處。而且他們很慷慨大方，能夠給予朋友及時且有效的援助，能竭盡全力地幫助朋友度過難關。

⑥對表揚表現得漫不經心的人：他人的表揚並不受到他們的關注，或者說他們根本沒有心情為表揚浪費過多的時間，他們總是會找其他的話題來取代被表揚。這種人的反應很快、**機智聰明**，而且才華橫溢、**富有眼光**，**既現實又果斷**。狂放不羈是他們最明顯的性格特徵，且不會過度追求名利，很有可能實現夢想。

⑦還有受到表揚能做到心平氣和的人：他們對於表揚自己的人，總是能給予恰當的感謝，給對方一種有禮的感覺。這種人沉著穩重、**講究實際、注重實效**，並富有進取心，善於韜光養晦，經常出其不意給人驚喜；他們有著獨特的行事原則，能夠按照計畫堅持不懈地努力，不受外在環境的影響，更不會招搖過市。他們淡定從容，總是能讓身邊的人心情平靜下來，也因此，他們的人緣大多都非常好，很多人都會向他們傾訴自己心裡的話。

言辭謙虛與警戒心

敬語顯示出人際關係的親疏、身分、勢力，一旦使用不當或錯誤，便擾亂了應有的關係。人際交往的目的，即在於改變彼此的心理距離。

人際交往最直接的目的，就是企圖改變交際雙方的心理距離。也就是說，**雙方的心理距離是兩個人關係的溫度計**。最直接的人際交往莫過於對談。語言是拉近或者拉開交際雙方心理距離的一個必要條件，如果想要變成在社交場合遊刃有餘的社交高手，適當地使用尊敬的語言是一個不可少的技巧。人際往來的禮貌有著一定的形式、程序和措辭等，人人都必須遵循。不管在哪一種文化背景下，適度的禮貌是維繫良好人際關係的必要手段之一。語言上的禮貌謙恭也就顯得尤為重要。

但是這種恭敬的語言需要根據時間、地點、目的，以及人物的身分區別而有所調整的，巧妙察覺各種不同場合需要的語言態度，及時調整自己的語氣，是給人留下好印象的基礎。

如果一味地謙恭，反而容易引起他人的反感，「過猶不及」就是這個道理。而且，過於恭敬的言辭，會顯得膚淺。法國作家拉伯雷曾說：「外表態度上的禮節，只要稍具知識即能充分做到；而若是想表現出內在的道德品行，則必須具備更多的氣質。」或許也可以說，不分場合言辭都恭恭敬敬的人，也許是欠缺氣質。在生活中這種人很常見的，而且言辭過於恭敬的人，通常都是極具戒備心的人，如果他們能沉下心來認真研究問題、鍛練意志，無疑是能夠擁有極大成功機會的。

這樣的人接受新事物的速度都很快，直接反應就是遇到新興語詞的時候，就能很快運用在日常生活中，而且有一種躍躍欲試、不吐不快的衝動。但是他們通常沒什麼主見，不能獨自面對困難，更無法獨自解決困難，做事也容易搖擺不定、猶豫不決，沒有辦法堅定做出選擇，而且性格比較軟弱。

在與人交往時，總是謙卑又恭敬，總是使用敬詞，以及認同、讚美的口氣。剛開始對方也許會對他們的誇獎感到不好意思，但絕不會對這些人產生反感或者厭惡。然而，隨著日益深入交往，對方便會逐漸察覺這樣的謙恭只是這個人對外的態度，而且由於過於謙恭，顯得有些言不由衷。很多人就會對此氣惱不已，對他們的評價大多會變成：「那傢伙竟然是個口是心非的人，表面恭敬暗地裡卻這樣！太可惡了！」

真實案例

有一起持槍殺人案件，當警方趕到現場時，發現現場有比較明顯的打鬥痕跡，而且在死者的身上和現場的物品中，檢查到了除死者之外的三個人的指紋。警方很迅速地以犯罪嫌疑人身分將這三人逮捕，偵訊後瞭解到這三個人的基本情況。

第一個犯罪嫌疑人是死者的律師，為死者工作超過3年，平時與死者的關係也很不錯，經常見面。而且作為一名律師，這名嫌疑人有著比較廣泛的人際關係，在死者生前給予很多事業的幫助。儘管兩人的關係不錯，但是死者與這名嫌疑人在工作上還是會發生一些衝突。死者有時需要嫌疑人幫忙處理一些事情，而他對死者交待的事情有時會很明顯排斥。據死者的同事說，死者遇害的前一天，還跟這名律師起了衝突。

第二個犯罪嫌疑人則是死者的哥哥，和死者的關係不是很親近。根據他的證詞，死者遇害之前，家人讓他給死者送了一些東西。這名嫌疑人對死者的敘述帶著一種不屑的口吻，而且有點輕視的感覺。

防禦性太強，必須先卸下他的心防⋯⋯

第三個嫌疑人是死者的下屬，人緣不錯。他在偵訊的過程中，對死

者的評價大多正面稱讚，大力稱讚死者的人際關係以及能力，他似乎很佩服死者這位上司。

然而，警方卻注意到他每當讚美死者後嘴角總會輕微撇一下，這讓他看起來沒那麼真誠。在對死者其他同事的調查過程中，有些同事評論這名嫌疑人「表裡不一」，表示他說話時態度謙恭至極，但事實上背後的言行卻與之前表現的完全相反。

警方排除了死者哥哥的犯罪嫌疑，但是對於有過爭吵的律師和對上司有些不滿的下屬進行了更深入的調查。之後發現，死者律師的性格較為耿直，談論到死者時並沒有心虛和不安的情緒；而死者的下屬剛開始表現得很鎮定，且頗為恭敬死者。可是當在他面前否定死者時，他並沒有反駁，反而眼中帶有一些肯定。

偵訊中提到死者時，這名下屬目光經常帶著一些生氣的情緒，而強調上司死因時，這名嫌疑人眼神不時閃爍逃避，於是警方故意說錯一些細節，而這些細節更不利這名嫌疑人，在反覆強調之後，這名嫌疑人脫口否定了警方的說法。當他脫口反駁後，他就意識到自己說錯話，臉色變得蒼白，最終坦承自己的罪行，承認自己犯下的錯誤，並且交待了犯罪的動機。

其實，這類人很可能是在幼童時期受到雙親嚴厲且錯誤的教育，尤其是禮節方面，因此才導致了他們這樣的語言態度。那些在一般人看來很正常的欲望，卻不能在他們心中生存，當產生這些欲望的時候，他們會恐懼、不安，甚至是罪惡感。於是，他們不得不將種種為他們自己所不容的欲望、衝動和情緒全壓抑在內心深處，並死死禁錮著，裝作從沒有發生過。

但是，物極必反，被壓抑的欲望、衝動和情緒日積月累，總有一天就都會形成強大的衝動發洩出來。他們自己內心覺察到這一點，為求不做出後悔的事情，便啟動反作用的心理防衛機制——更加恭敬對待人。也就是說，他們越是以恭敬的言辭跟他人說話，在他們的內心深處往往就鬱積越多攻擊別人的強烈欲望。

由細微動作發現表裡不一

果然是老狐狸，很難發現表情的變動，得加把勁才行！

　　日本語言學家樺島忠夫表示：敬語能夠顯示出人際關係的親疏、身分、勢力，一旦使用不當或錯誤，便擾亂了應有的關係。在某些無關緊要或者特別熟悉的人際關係中，其實我們根本沒有必要使用過多的敬語。值得注意的是，如果在很親密的人際關係中，朋友突然對你使用敬語，那就應該要反省一下自己最近的人際關係——你們之間是否出現了什麼障礙？如果對方和你交談時常常無意識地使用敬語，這代表對方對你的心理距離仍然很大。

　　所以，當一個女人跟男人說話時，使用過多的敬語，絕對不是表示對他的尊敬，反而是在傳遞自己對這個男人——「我對他一點意思也沒有」、「我根本就不想和他接近」，帶有強烈的排斥情緒。

　　另外，還有些人雖然交往了很長的時間，雙方也很熟悉瞭解，但在說話時依然使用客氣與親切的言辭，說話也十分謹慎。這種情況下如果不是心理上懷有衝突與苦悶，就是心中懷有敵意，不能親近。反之，也有人故意使用謙遜與客氣的言語，企圖利用這種方式和態度突破對方心中的警戒線，獲取他人信任。而事實上，他們真正的動機在於讓對方放下防線，以便他們實現居高臨下的企圖。

為什麼總是找藉口？

找藉口的目的，就是要正當化自己不夠努力和行動力不足的過失，也就是不肯向別人承認自己能力不足或不夠用心。

　　能夠擔起責任，才能成就大事。但事實上，許多人遇到困難，或者犯錯的時候，第一反應並不是勇敢承擔責任，而是找藉口推卸責任。許多犯錯的人，第一時間並不是承認錯誤，而是先尋找理由，他們總是會用：「不是我的錯，是別人！」、「我不是故意的，是對方陷害的！」等藉口，將過錯推諉給別人，企圖置身事外。

　　這種心理機制稱為「（自我）防衛機制」，是指人們潛意識中總是試圖忘記不愉快的事情，如果做錯事，一定會馬上找藉口替自己開脫，把自己的缺點和失敗的主觀原因，推卸或者轉嫁到別人身上；即使自己承認錯誤，也會設法將錯誤大眾化，辯稱別人也會犯，以此保護自己，除了維護自己的自尊心外，也不讓自己難堪。

　　歸根結底，找藉口的目的，就是要把自己的過失正當化，也就是不肯向別人承認自己能力不足或不夠用心。儘管這種心理人人都有，但如果真的出現這種行為時，很容易因為沒有擔當而引起他人反感。而推卸責任時用的藉口，可以總結出不同藉口所表徵的不同性格和心理特徵。

　　比如遇到事情時，一張嘴就是滿腹牢騷、對公司和上司的不滿，在自己的能力和職位一直無法提升時，他們不會從自身尋找原因，而是認為公司不能提供一個更好的舞臺，認為上司不能準確評估分配工作，甚至有人認為上司嫉賢妒能，不讓自己出頭。

　　這類人在工作中或許並不如他們所說的那樣對公司和上司不滿，他們其實很清楚沒有進步的根本原因是自己不夠努力，但是他們卻不願意承認，並消極面對工作和生活。不停抱怨公司和上司，但是依舊做著自己認為不能發揮自己才能的工作，一點也沒有想要轉換跑道的跡象，更

別說尋找一個新的舞臺來發揮自己的才能。對他們來說，不管是什麼樣的公司和上司，總是不會得到滿足，他們的牢騷也沒有任何意義，只是發洩一種對現狀的不滿而已。

美國曾發生過一件保險公司客戶資料外洩的案件，該公司的董事長請求警方進行調查，希望能追回洩露的資料。

保險公司的部門經理在調查的過程中表現得很積極，對於警方的偵訊也很認真回答，兩天的調查後警方仍沒有取得重要的線索而陷入了停滯。但偶然間發現該經理似乎不滿公司的一些制度，因為他總是不自覺地提到一些不滿，但卻表現出極為熱愛公司，因此對他進行了調查，發現他在客戶資料洩露的前一天曾在一家咖啡廳待超過一小時。於是就詢問該時段和誰在一起，做了什麼事情，並去咖啡廳進行調查。在咖啡廳人員的指證下，該經理承認把客戶資料交給了別人，也承認是他洩露了公司的客戶資料。

該經理認為他的上司總是壓制他，讓他沒有升遷機會，但他並沒有跳槽的念頭，也沒有想要出賣公司，只是有人找上他，希望獲取一些客戶資料。他們說只要將客戶的資料交給他們，上司就會受到責罰，該經理即可取而代之。事情敗露之後，經理會不時地自言自語：「如果當時不這樣做，或許就可以安安穩穩地過下去。」該經理對上司的不滿被有心人抓住這個弱點，於是就成為犧牲品了。

如果這位經理能對自己多一些自信、多一些行動力，能夠透過自己的能力去改變現狀，或許他就不會落得如此下場。

還有人會在出現問題的時候，不斷地說：「我早就知道會這樣」之類的話，如果是用在反省自己的失誤，否定自己做出的錯誤決定時，或許還能夠讓人接受。但如果反覆強調每一件事，就會讓人覺得是在推卸責任，會有一種他在放馬後炮的感覺。

　　相對來說，這種既否定了別人，又撇清了自己責任的推脫話語，更令人反感。而且在這樣的話之後，必定會說是誰誰當初不同意，於是過錯就轉移到別人身上了。經常發表這種言論的，都是事後諸葛亮，沒有信用，也沒有擔當，不能委以重任。

　　說出類似「那時要是這麼辦的話……」，表示這個人處於一種深深的後悔情緒中。在遇到挫折的時候，他們總是會否定自己的做法，然後陷入一種內疚自責情緒，認為當時如果採取另一種方法，那麼就不會像現在一樣。愛說這樣話的人，大多性格消極、缺乏行動力，而且因為缺乏決斷力常常喪失機會，在失敗之後又容易喪失信心，很容易就會陷入一種惡性迴圈中。

　　還有一些人不管對什麼事都會採取否定和批判的態度。說話的時候總是喜歡揭露別人的短處，比如別人提到某個同事的優點和能力時，這種人就會很迅速地否決對方的看法，然後說一些這個同事的缺點，甚至是捏造一些壞話，讓別人認同自己的觀點。

　　而且，在否定該同事時，他們會借用別人的名義，說聽誰誰誰說這個同事有著怎樣的缺點。像這種不論何時，總是偏好否定別人的人，看不到事物好的一面，習慣雞蛋裡挑骨頭，其實是對自己沒有自信的一種表現，而且對於現況不滿，想要反抗現實，卻沒有足夠的勇氣和能力，只能透過否定他人來表達自己的不滿。

　　許多**會推卸責任的人**，本質上不一定是想陷害別人，更多的可能是**對自己沒有信心**，害怕自己能力不足，因此不能夠承擔壓力，才會想盡辦法推卸責任。

6

閱讀身體外部語言

20世紀50年代，著名身體語言學家阿伯特・麥拉賓（Albert Mehrabian）發現：一項資訊所產生的影響力，7%來自於文字，38%來自於聲音（包括語言、音調以及其他內含訊息），其餘的55%則全部來自於身體語言。

另一位人類學家雷・博威斯特（Ray Birdwhistell）也做出了類似的推斷。他指出：在一次面對面的交流中，語言所傳遞的資訊量在總量中所占的比例還不到35%，剩下超過65%的資訊都是經由非語言的交流方式所完成！

要讀懂人心，除了傾聽對方的語言之外，參考價值更大的還有對方的非語言行為，包含了行、立、坐、臥等行為與其他細微動作，如手勢、臉部、腳的擺動等。這些行為透露出來的訊息，該如何解讀？

站姿

站姿是性格的一面鏡子。透過站姿可以深度剖析一個人，並找出這個人內心隱藏的性格特點。

站姿百百種，但有五種站姿最具代表性，而且反映出來的性格特徵也最明顯，如下所示：

思考型站姿

雙腳自然站立，雙手插在褲子口袋裡，不時地伸出來又放進去。這類人的個性比較小心謹慎，凡事三思而後行。如果讓他們去做一件事情，必須先將每個步驟所涉及到的可能變化清清楚楚、完整地告訴他們，否則他們很難下定決心。一般來說這類型的人比較缺乏主動性和靈活性，有突發事件的時候會採取比較生硬的手法來處理，事後往往容易後悔。他們有許多願望，但是卻不太敢放手去做，原因是他們不確定自己是否真的能夠做到，他們認為希望越大，失望就越大，所以寧願選擇什麼都不做。有著這種站姿的人，思考多過於行動，大部分都是「想太多」。

服從型站姿

兩腳併攏自然站立，雙手背在身後，這種姿勢可以叫做服從型站姿。這樣站的人，人際關係比較融洽，很少拒絕別人，所以比較受歡迎。要注意的是他們比較沒有開拓和創新精神，常常機械式地完成任務。這類人一般都很快樂，他們不太願意與人爭鬥。這種個性為他們帶來好心情，但也產生憤怒情緒，這是因為不如意時，他們往往抱著逃避的態度，但往往只會使事情變得更糟糕。

攻擊型站姿

雙手交叉環抱於胸前，兩腳平行站立，給人具有攻擊性的感覺。這種人有很強的叛逆性，並且經常忽略別人的存在，具有強烈的挑戰和攻

由站立姿勢瞭解性格特點

思考型站姿　　　服從型站姿　　　攻擊型站姿　　　抑鬱型站姿　　　社會型站姿

擊意識。這類人認為只有自由才能讓他們發揮創造力。他們很少因傳統的束縛而放不開手腳，即使陷入困境，也會很快脫困。他們知道自己要什麼，也比一般人勇於爭取，所以能比旁人獲得更多機會，他們的創造能力更能發揮得淋漓盡致。與這種人合作時，給他們最大的發揮空間，經常能使雙方都得到最大的成果。

抑鬱型站姿

兩腳交叉併攏，一手托著下巴，另一隻手托著這隻手臂的肘關節，這是很典型的抑鬱型站姿。**有這種站姿的人很多都是工作狂**，他們對自己的工作能力非常有自信，工作起來十分投入，廢寢忘食更是家常便飯。這類人最令人注意是他們較多愁善感，**情緒多變**。多變的表情在在顯露出他們的喜怒無常，前一秒還與你談笑風生，下一秒突然進入烏雲密佈的狀態。儘管如此，他們仍能得到很多朋友的喜愛，因為僅管喜怒無常，卻擁有一顆善良的心，讓這個世界充滿愛。

社會型站姿

雙腳自然站立，單腳在前，單手插在褲子口袋裡。這種人的**人際關係處理得很協調**，從不給別人出什麼難題。他們為人一般較敦厚篤實，真心誠意與人交往。這種人喜歡安靜的環境，閒暇的時候喜歡找幾個好友敘敘舊，或者做一些比較靜態的活動。他們給人的第一印象是溫文儒雅的，不過如果碰上讓他們憤怒的事，暴跳如雷也在意料之中。

身
體
透
露
的
訊
息
②

步伐

一個人的行走姿態除了能顯示自己的教養與風度之外，也能表露一個
人的心理活動。

良好的行走姿勢，應該是自在、矯健、敏捷的。雖然有男女、性格的差異，但男性的步伐陽剛，以大步為佳，步伐較重，顯得沉著穩重；女性的步伐較柔美，顯得輕盈、柔和。但無論男女，行走時都要注意昂首挺胸、眼睛直視前方、雙肩自然下垂，兩臂協調擺動。

在不同的場合，行走姿勢也有所區別，要與特定的情境一致。例如在室內行走應該輕而穩，在花園裡散步就要輕而緩，而在醫院或閱覽室走路時，就需輕而柔。總之，行走姿態要因人、因時、因地而異，良好的行走姿態能夠突顯教養與風度。一個人的行走姿態除了能顯示自己的教養與風度之外，也能表露一個人的心理活動。人的性格與行動有著很大的關係，所以從一個人走路的姿勢也可以推斷出當時他的心理狀態，人的行走姿態所蘊藏的性格和心理大略分為了以下五種：

垂頭喪氣的步伐

當一個人感到沮喪時，他的**頭和雙肩都會低垂**，行走時很少抬頭看看方向──他們並不關心會去哪個地方。而且他們的眼睛通常看著地面，步伐無精打采，似乎一切都沒有意義。

自戀型的步伐

自認比別人優秀，走路的時候下巴抬得高高的，好像在俯視別人的樣子，同時**手臂誇張地擺動**。總是昂著頭不看別人，但卻認為所有人都在看他們，這種人一般都比較有**自戀**傾向。

膽怯的步伐

容易膽怯的人，他們往往會用腳尖走路，微微駝背，**步伐猶豫且不**

由走路步伐瞭解性格特點

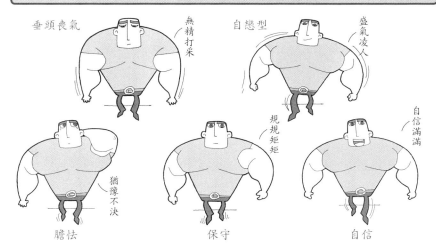

會發出任何聲音，讓人很難察覺到他們。這種人通常沒什麼自信，對別人的感情也沒有把握。做事前**深思熟慮**，要思考所有的可能性才會行動。基本上不會侵犯別人，安靜到經常讓人忽略他們的存在。

保守的步伐

對於保守的人來說，他們的行走姿態也是循規蹈矩的，很多時候可以計算出手臂擺動的頻率和幅度。步伐快，經常小碎步，手臂的動作也顯得機械化。常常**固執己見、不知變通**，習慣用經驗或教條來處理事情，不太能接受創新。

自信的步伐

有自信的人，步伐平穩矯健，並面帶微笑以眼神向人打招呼。**姿態抬頭挺胸、姿勢挺拔**，手臂在身體兩側很舒適、很放鬆地擺動。給人的感覺就像他們的步伐一樣是輕鬆愉快的，人們都很樂意與他們相處，這樣的人容易成為焦點，得到眾人的青睞。

當然也有一些人的行走姿勢奇異，不屬於上述這些基本步態，可以根據具體的情況來進行分析。行走姿勢比較獨特的人，往往也有著比較獨特的性格特徵。

睡姿

一個人的睡姿，是直接由潛意識表現出來的身體語言，因為睡姿往往會顯示出他所隱藏起來的某種性格特徵和心理情緒。

人在睡覺時是最放鬆的。透過對睡眠和性格的研究，得出一個人以什麼樣的姿勢睡覺，是直接由潛意識表現出來的身體語言。不管是熟睡還是裝睡，睡姿往往會顯示出他在清醒時所顯露和隱藏起來的性格特徵和心理情緒，人的睡姿主要有以下幾類：

肚子向下趴睡

一整晚都趴著睡覺的人，很可能是心胸狹窄，**以自我為中心的人，喜歡強迫別人來配合自己的需求**，習慣強加自己的思想在別人身上，不會在乎他人的感覺，即使感受到別人的情緒，也只是以散漫的態度來對待。他們性格固執，沒有太大的抱負，只看到眼前的利益。

枕著胳臂睡覺

常用這個睡姿的人，基本上是一個**溫文有禮**、誠懇可愛的人，但是卻有點**缺乏自信**，太過在意自己的**錯誤和缺點**，常對自己造成的傷害或過失耿耿於懷。他們過於追求完美，往往顯得憂心忡忡，而沒有辦法正面面對自己的錯誤，接受自己的缺失。

側臥睡姿

這種睡姿的人一般是比較有自信的人，而且性格比較穩健。他們很**瞭解自己的優缺點，處事比較謹慎**，雖然有時候會感到焦躁不安，但是不會輕易言愁。而且，因為他們做事一向努力而認真，所以很容易獲得成功。許多有權勢，有錢的人都是這種睡姿的人。

蜷曲像嬰兒睡姿

這種睡姿代表有不安全感，常有一些善妒和報復的心理，情緒敏感、**容易亂發脾氣**，身邊的人一般要很小心以免刺激他們。其中有一些喜歡

由睡覺姿勢瞭解性格特點

向下趴睡　　　枕著胳臂　　　側臥睡　　　蜷曲像嬰兒　　　仰面而睡

同時抓住被子或抱著玩具入睡，這代表對異性的警戒心重，擇友相當謹慎，性格也比較軟弱，缺乏獨立精神，遇到困難容易妥協，責任心也不強，且由於過於敏感而身體有些孱弱。

仰面而睡

　　喜歡仰睡的人是一個有膽量、獨立自主的人，他們大多心胸開闊，容易相信他人，而且自我感覺良好，並不懼於得罪他人。一般來說，他們比較喜歡和平，所以也不會輕易得罪人。這種人著重獨立能力和創新精神，討厭說謊和虛偽的人。很多情況下，他們會顯現出很強的領導才能和號召力。

　　除了基本的睡姿之外，還有一些睡眠習慣也顯露人的性格特徵。比如有些人喜歡睡在床的邊緣，這顯示缺乏安全感，但有著比較強的理性思維，能很好地控制自己，隱藏這種不安全感。有些人睡在床的對角線上，這種人的控制欲望比較強，希望事情發展在自己的掌握中，並按照自己期望順利完成。

　　還有人睡覺時雙腳會在床外，這種姿勢很容易使人疲勞，他們大多工作繁忙，休閒時間少。但絕大多數時間他們精力充沛而且活潑，以積極的態度對待生活和工作，也大多具有一定的實力和能力，許多事情都可以做出正確的抉擇。

　　還有一種習慣是裸睡，喜歡裸睡的人嚮往自由、感性、隨心所欲，不太顧及他人的感受，這也使他們容易受到莫名的排擠和指責。

身體透露的訊息④

坐姿

即使是初次會面的人，透過觀察對方的坐姿，也可以對其性格特徵、心理活動等做出大致的判斷。

人的坐姿有了以下的類型，其所代表的性格特徵也是很明顯的。

古板型坐姿

腳跟併攏靠在一起，十指交叉放在腹部，屬於拘謹的古板型坐姿，這類人由於希望將每一件事做到最好，常常會因壓力過大而缺乏耐心，時常表現出煩惱的樣子，甚至直接表示反感；他們也愛誇誇其談，遇到挫折時很有可能會臨陣脫逃。多半**想像力豐富，卻缺乏行動力**。

自信型坐姿

左腿交疊在右腿上，而雙手自然交叉放在腿上，這是一種**充滿自信**的坐姿。這樣的人通常協調能力很強，對自己極具自信心，會堅持自己的看法，也會盡一切辦法完成自己想做的事。但缺點是很容易得意忘形，**很可能在小錯誤上失敗**。另一點則是喜歡充當領導者的角色，在溝通時會給人一種居高臨下的感覺，導致得罪人而不自知。

投機型坐姿

將右腿交疊在左腿之上，小腿靠攏，雙手交叉放置在腿上。這是一種投機冷漠型的坐姿。這種人通常**看起來很容易親近**，但事實卻恰恰相反。他們不僅個性冷漠，而且性格中還帶有「狐狸作風」，他們會向親友炫耀自以為是的各種心計。

防禦型坐姿

把雙腳伸向前，腳踝交叉。男性還會握起雙拳放在膝蓋上或雙手緊握把手；而女性雙手會自然地放在膝蓋上，或將一隻手壓在另一隻手上。這種人**喜歡發號施令**，所以比較難相處，這還是一種很有防禦意識的一種典型坐姿。

由坐姿瞭解性格特點

古板型

自信型

投機型

防禦型

思考型

保守型

溫和型

內向型

思考型坐姿

坐著時，喜歡用腳或腳尖帶動整隻腿不停地抖動的人很善於思考，經常提出一些意想不到的問題，但最明顯的負面特徵就是自私，凡事只從有利於自己的角度出發，**對別人很吝嗇，對自己卻很縱容**。

保守型坐姿

膝蓋併攏，小腿分開成「八」字，手掌置於膝蓋間。這種人可以當作保守型的代表，他們對問題的看法較為老舊，容易害羞、臉紅，不喜歡社交場合，雖然感情非常細膩但並不溫柔。

溫和型坐姿

半躺而坐，雙手抱於腦後。這類人與誰都合得來，**善於控制自己的情緒，很容易得到信賴**。他們充滿朝氣，似乎從事任何工作都能得心應手，加上性格上也很有毅力，所以往往都能獲得某種程度的成功。

內向型坐姿

兩腿和兩腳跟緊緊地併攏，兩手放於兩膝蓋上，坐得端端正正。這類人的性格特徵是謙遜而內向，很多時候看起來有些自閉。他們**雖然不是很積極，但卻很踏實**，能夠為實現自己的夢想而埋頭奮鬥，他們討厭誇大其詞的人，也經常為旁人設想，因此雖然內向，但朋友卻不少。

手臂動作

若能清楚理解雙臂所代表的意義，就能增加自己對於談話場面的掌控力，讓自己更容易達到目的。

行為學家針對環抱雙臂的動作進行了研究，研究期間為參與者準備了一系列的講座，而且每位參與者都被要求以同一種姿態聽講：保持雙腿和雙臂的自然狀態，不蹺二郎腿，也不將雙臂環抱於胸前，儘量以一種放鬆的姿勢聆聽講座。講座結束後，研究人員記錄了每位參與者對講座內容的掌握程度，以及對此次講座的想法和觀點。之後，研究人員又另外安排其他參與者進行了同樣的試驗，講座的內容也完全一樣。唯一不同的是，這些參與者聽講座時都必須換成另一種姿勢：蹺起二郎腿，雙臂交叉緊緊抱於胸前。

實驗結果顯示，與第一組參與者相比，第二組參與者所掌握的講座內容至少比起第一組減少38%，同時他們對於演講者及演講內容的觀點也更加苛刻、挑剔。總結：當一個人感到緊張不安，想保護自己或不願接受他人意見的時候，就很可能會將雙臂交叉，緊緊抱於胸前，藉此告知對方他有些緊張或不安。

有人會認為，將雙臂交叉抱於胸前已經成了他們的習慣動作，因為這樣的姿勢讓他們覺得很舒服。行為學家的看法認為其實是一致的，由於身體語言與其內心的想法相對應。因此當一個人感覺受到侵犯，或者對某事抱有否定態度的時候，將雙臂交叉抱於胸前就會感覺舒服自在。但是，這個動作容易被人誤認為不友善、難以接近。這是因為交叉抱於胸前的雙臂，好比是一道障礙物，將自己與他人隔絕起來。

因此與他人交談時，如果看到對方擺出了雙臂交叉的姿勢，那麼即使對方口頭表示贊同自己的觀點，這場談話也沒有進行下去的必要了。因為，這種姿勢所宣示的抗拒，比他口頭上的贊同更為可靠。

手臂環抱代表明顯的敵意

雙手環抱胸前
‧不友善
‧消極、否定
‧防禦

加上抓緊上臂
‧強烈的敵意
‧自我保護
‧保護自己

用雙手舉杯
‧拒絕
‧製造屏障
‧反對

　　雙臂交叉抱於胸前的姿勢有很多種，在各種人群中的使用比率也相當高，而且世界各地對這一姿勢的理解也幾乎完全相同：消極、否定或者防禦。

　　雙臂環抱於胸前，且雙拳緊握的動作，代表了強烈的敵意。雙臂環抱的動作有著明顯的防禦意味，如果與此同時雙拳緊握置於腋下，那就表明此時除了具有相當強烈的防禦意識之外，還帶有明顯的敵意。

　　雙臂交叉環抱於胸前的同時，兩隻手緊緊抓住另一隻手的上臂，使這一姿勢更加牢固，更有效地保護人體胸部，可知這種姿勢帶有強烈的自我保護意味。

　　當出現這些姿勢的時候，就代表對方用這種自我擁抱式的雙臂交叉法來安撫、寬慰自己。當對方出現這類動作時，一般都會採取較緩和的語言與輕柔的行為以安撫對方的情緒，避免對方出現情緒失控的行為。另外，其他常見的自我防禦的方法，還有像是借用其他物件來進行，其中最常發生的情況，就是雙手握住一個杯子。一般情況下，一個人想要拿起一個杯子，只需要一隻手就足夠了，可是如果**兩隻手都捧住杯子，那麼雙臂也就很自然地在胸前形成了一道屏障，將那些讓你感覺不安全的人或物全都拒絕於雙臂之外，**這種動作極其自然卻極其普遍，幾乎每一個人都曾經做過。

腿部動作

一個人在自己注意的情況下，可以偽造臉部各種情緒，但是卻很少有人會注意到自己的雙腳是否洩露內心的秘密。

日常生活中，許多人一般都是從「臉」開始觀察別人；也就是說，在面對他人的時候，我們會先注意對方的臉部表情等。但是事實上，臉部表情的偽裝很常見，如果沒有特別敏銳的觀察力，我們很難從對方的臉部表情看出他們當下的心理。

關於這一點，可以先觀察雙腳的動作。因為臉部表情可以偽裝，但是卻很少人知道如何偽裝雙腳的動作。一般人偽裝時，會著重改變上半身的訊息，很少會注意到恰好是下半身使他們露出破綻，尤其是腿部資訊的細微變化。

腿部反應出來的資訊真實性，絲毫不比其他部位來得低，甚至反而更為真實。腿部對於人類的生存發展，有著極其重要的作用。但是，雙腳對於人類的意義，卻不只是走路而已，它還能夠真實地反應出一個人的感覺和意圖。比如說，如果法官不喜歡某個證人，通常他們會將腳尖對著法庭的大門。同樣地，當你和朋友碰面，如果朋友的腳尖朝向了門的方向，那麼很有可能代表他希望盡快結束談話，離開這裡。

其實，人的情緒性格最顯著的體現，應該是雙腳擺放的相對位置；當一個人坐下的時候，他雙腳的動作往往是情緒最真實的反應。

比如一個人雙腳併攏，正襟危坐的時候，這時就能很明顯感覺到他的緊張、防備情緒。這種情況下，併攏雙腳是一種拒絕的姿態，拒絕他人侵犯自己，這可能是因為不安或焦慮等因素造成。這種不安的起因是多面的，而如果你能夠透過交談，使他卸下防衛、放鬆身體，對方的雙腳自然就會稍稍打開。

腿部動作隱藏的資訊

防禦型坐姿
・緊張、防備
・拒絕
・不安或焦慮

這裡我最大！
・放鬆
・自信、權威
・控制全場

放輕鬆！
・安全感
・輕鬆
・開放

　　當雙腳打開的角度很大，就不只是一種放鬆的情緒了，它也成了自信感和權威感的體現。

　　對於一個人來說，雙腳大方地岔開，是一種接受的姿態，不懼怕即將到來的事物。這種姿態只有對自己十分自信的人才能做到。當一個人打開雙腳面對對方時，他呈現的是一種控制全場的自信，是一種不懼未知的自信。而這種自信，一般是能力較強的人所擁有的，所以這種姿態也帶著一定的權威感。那些位高權重的人坐著的時候，一般都會不自覺地打開雙腳，無聲地向人昭示自己的權威感。

　　另一種情況，是雙腳交叉的姿勢。當雙腳交疊在膝蓋處交叉時，這時人的情緒是輕鬆的，而且有安全感。這是因為此時人無法做出立馬起身或者回避的動作或姿勢，如果潛意識沒有確定感受到環境安全，一般不會做出這種姿勢。而如果交叉的位置慢慢地從膝蓋，移到了腳踝，那就說明這個人的情緒又發生了變化。雙腳於腳踝處交叉，代表情緒進入一種焦慮以及煩躁的狀態。這是對讓自己不愉快的事情的一種警惕反應。

　　可以這麼說，一個人在自己注意的情況下，可以偽造臉部情緒，但卻很少有人會注意到，雙腳是否洩露內心的秘密。仔細觀察一下，坐在你對面的人，是不是在隱藏著自己的真實情緒呢？

習慣動作

習慣性動作所代表的含義在不同的情境下，也有可能有所不同，所以，需要結合它所存在的情境，才能真正達到瞭解對方心理的目的。

　　看懂身邊的人，並非要擁有豐富的心理學知識才能做到；要瞭解一個人，也不一定要經過積年累月的相處。很多時候，生活中的一些細微動作、習慣，都可以透露一個人內心的性格和心理。

　　①邊說邊笑的人，與人交談時會讓別人覺得很放鬆，也很愉快，也因此人緣很好。這樣的人大多性格開朗，對生活的要求也不苛刻，他們很容易滿足、懂得知足常樂，而且嚮往著平靜安逸的生活。他們一般都是感情專一的人，富有人情味。

　　②有掰手指節習慣的人，總是把自己的手指掰得咯答咯答作響。經常性的掰手指節，**暗示著他們擁有的旺盛精力**。這種人非常健談，對事業和工作環境都很挑剔，有的時候喜歡鑽牛角尖。若有想要達到的目標，他們會不計任何代價、努力去做、力求完美。

　　③做錯事就拍頭，表示懊悔和自我譴責。經常做這個動作的人，對人苛刻，但是在事業上有一種開拓進取的精神。這種人心直口快、**為人真誠，而且樂於幫助他人**。但有些守不住秘密。

　　④聳肩攤手的動作表示無所謂。常常做這個動作的人，大多為人**熱情誠懇、富有想像力，會創造生活**，也會享受生活。他們最大的追求就是和睦、舒暢地生活，可說是他們最大的幸福。

　　⑤時不時抹嘴捏鼻的人，大多**喜歡捉弄別人**，但是卻敢做不敢當。與人相處時喜歡嘩眾取寵，且這種人缺乏主見，最終是被人支配的，別人要他做什麼，他就會去做什麼。像購物時，他們自己就常拿不定主意，經常聽從別人的意見。

日常小動作代表的意涵

笑口常開最讚！
邊說邊笑
・放鬆
・愉快
・性格開朗

又搞錯了！
犯錯就拍頭
・自我譴責
・為人真誠
・樂於助人

你說了就算！
抹嘴捏鼻
・缺乏主見
・嘩眾取寵
・缺乏主見

不方便喔！
把手放在嘴上
・敏感
・秘密主義者
・內心溫柔

有在聽我說話嗎？
搖頭晃腦
・有自信
・唯我獨尊
・勇往前行

⑥不時地托腮，說明這個人極具服務精神，不太拒絕他人的請求。這樣的人性格中有些完美主義，總是力求最好、討厭錯誤的事情，不希望出現任何差錯。工作時，如果遇到鬆懈型的合作對象，會讓他產生反感的情緒。

⑦不管頭髮長或短，總是習慣摸弄頭髮的人，通常比較情緒化，與人相處時有些陰晴不定、忽冷忽熱。而且，這樣的人過於敏感，常常感到鬱悶焦躁。但是他們一般對於流行時尚元素很敏感，可以很輕鬆地玩轉時尚。

⑧習慣把手放在嘴上的人屬於**敏感型，也是一個秘密主義者**。他們常常嘴上逞強，看起來似乎很強勢，但實際上內心卻很溫柔。要從這樣的人嘴中獲取資訊有些困難，他們總是可以將秘密保守得很好。

⑨說話的時候喜歡搖頭晃腦的人，**特別有自信**，以至於有些時候給人唯我獨尊的感覺。他們很喜歡社交場合，而且很會表現自己，對事業也有著勇往前行的精神，經常受到他人的讚嘆。

習慣性動作所代表的含義在不同的情境下，也有可能有所不同，所以，要真的觀察到一個人的性格和心理，需要結合小動作代表的含義和它所存在的情境，才能真正達到目的。

握手的方式

握手的起源是要向對方展示自己沒有武器，也不具有危險性的一種動作。這裡，握手就是一種心理的反應。

初次見面，人們一般都會禮貌性地握手寒暄。這個動作，從中世紀流傳至今，已經成為一種文化，在全世界通行。然而也因為過於常見，就很少有人會關注。據說握手的起源是要向對方展示自己沒有武器，也不具有危險性的一種動作。

握手有一定的規則，如果不遵守，有可能帶來不必要的誤判，甚至會受到傷害。與不同的人握手有不同的禮儀，比如跟長官或者女士握手時，需要等對方伸手之後，才能把手伸過去，這是一種國際禮儀。

用力握手的人

這類人握手像打拳擊，好像要把別人的手握到粉碎為止，他們認為如果握手時不用點力，會顯得自己不夠真誠，因此，他們只要握住對方的手就不斷施加力道。

這種人自我意識強，不太考慮他人的感受，性格開朗、有自信，人際交往方面也不錯、待人真誠，不會隱瞞自己的欲望。不過跟他人握手的時候，很容易因為力氣過大，造成對方疼痛，失去了握手的效果。

握手用力很小的人

這種人情感一般比較含蓄，不會輕易外露。但是他們又很敏感，常在第一時間就得出是否反感、厭惡他人，不過他們能夠好好地隱藏這些情緒，與人維持表面上的和平相處。能夠隱忍的他們會習慣性和他人保持距離，即使是親人和朋友，也很少有人能夠走入他們的内心世界，這使得他們看起來有些冷漠，感情過於淡薄。

握手是一種心理的反應

握住對方的手就不放開

　　這樣的人在現實中經常出現。一般屬於個性溫厚，感情豐富的人。他們性情溫和，旁人很喜歡向他們傾訴難題，而他們也總是認真傾聽，並提出相當中肯的建議。他們**愛恨分明、感情真摯**，同時也很敏感，容易受到外界的影響。對他們來說，如果有人需要他的幫助，就會毫不推辭地給予幫忙。此外，有這種握手習慣的人，在與女性握手時也如此的話，那麼必定有些不知變通。

主動握對方手的人

　　與人初次見面的時候，一經介紹就急切去握住對方的手，這種人性格極為直爽，**個性比較直接、不喜歡拐彎抹角**。對他們來說，握手是一種表示自己真誠的方式，不管對方的身分地位如何，他們都會搶先把手遞出去。這種習慣不能說不好，但是很多時候有些失禮。這是因為一般來說，**當面對長輩、長官、女性時，需要等對方先伸出手才能握**，這是一個基本的商務禮儀。如果連這個都不知道，很容易給別人留下不好的印象。

說謊時的手部動作

生活中隨處都存在謊言，有時別人一個簡單的動作，如聳肩、搓手、眨眼等，都可能幫助我們揭穿別人的謊言。

判斷一個人是否在說謊，以及為什麼說謊的辦法，就是觀察一些簡單的動作，如聳肩、搓手、眨眼等，都可能可以發現對方是否在說謊。即使是一個說謊高手，也是會在不知不覺中被人看穿謊言，而洩露秘密的，恰恰是他們習慣性的手勢動作

觸摸鼻子

這種動作幅度並不明顯，不留意往往會忽略。一般來說是很快**速地用手在鼻子下緣摩擦幾下**，有時甚至只是略微地輕觸。女人做這個動作的時候，比男人的幅度更小、更不易察覺。當出現這個動作的時候，很有可能在說謊。這是因為**撒謊的時候，鼻子部位的血液流量會增大，導致鼻子膨脹，因而會有刺癢的感覺**。於是人們就會用手碰觸鼻子，以緩解症狀。要注意的是，摸鼻子也有可能只是習慣性動作。因此在判斷一個人是否說謊時，還需要結合其他的說謊跡象來進行判斷。

揉搓眼睛

電視中常常會出現這樣的畫面：當一個人看到讓他難以相信的畫面的時候，會下意識地遮住雙眼，甚至不斷地摩擦自己的眼睛來逃避。這**種動作其實就是人體的一種防衛意識，透過摩擦眼睛，企圖阻止眼睛看見的令人不愉快、不舒服，甚至是被懷疑的事情**，這個動作所傳遞出來的訊息就是：「我很不安，我不想看！」

許多人在醞釀或說出謊言之後，會去摩擦自己的眼睛，或不自然地笑然後沉默。男人更會使勁地揉搓眼睛，如果謊言會產生嚴重的後果，很可能會把臉轉向別處，不敢與面前的人目光接觸。女人則柔和很多，大多只是在眼睛周圍輕碰一下，或是溫柔地揉一下眼睛。

說謊時常出現的小動作

觸摸鼻子　揉搓眼睛　抓撓耳朵　抓撓脖子　拉拽衣領

抓撓耳朵

　　當人們不想聽別人說話時，會把注意力轉移到其他地方，而且不自覺的抓撓耳朵，表示不想聽目前談話的內容。跟對方談話時，如果出現這個動作，就代表對方對目前談話的內容不感興趣，甚至有著相反的想法，如果是很緩慢地摩擦耳朵就可能是他在思考其他問題，已經沉浸到自己的世界了，應該盡快停止討論。

抓撓脖子

　　撫摸脖子所代表的含義是疑惑和不確定，這個手勢隱含的意義就是「我不確定」，如果這時對方沒提出疑問而只是繼續聆聽，就是很典型的「口是心非」。這時最好的解決辦法，就是放棄自己的意見，甚至放棄自己對於這件事的任何看法，否則談判很可能因為這個「口是心非」者變得阻礙重重，甚至功虧一簣。

拉拽衣領

　　如同觸摸鼻子，撒謊時會在臉部和頸部產生刺癢的感覺。撒謊者感覺不受信任就會不安，上升的血壓會使脖子冒汗，引起身體的不適。這種情況下大多數人會透過撫摸或抓撓的動作來舒緩。所以與人交談時，對方頻頻拉拽自己的衣領，那對方所說的話就值得推敲了。

身體透露的訊息⑩

嘴唇的資訊

說話者的真實意圖不一定只表現在他的言語中，除了眼神之外，嘴唇也是讓你瞭解對方心態的捷徑。

　　與人交流的時候，不一定要從對方所說的話來瞭解對方的想法，因為很多時候，人是會說謊的。說話者的真實意圖不一定只表現在他的言語中，除了眼神之外，嘴唇也是讓你瞭解對方心態的捷徑。嘴唇、喉嚨和臉頰都能表現人的心態，它們可以「一言不發」地告訴你一切。

　　一般來說，咬嘴唇是表示憤怒的一種常見方法。常在一個人壓抑內心憤怒或怨恨時表現出來，在搖頭的時候咬著下嘴唇，則更是非常憤怒的表現，當中隱藏的敵意顯而易見。

　　舉例來說，英國已故的戴安娜王妃常在拍照的時候咬著嘴唇，這一點許多照片都可以證實，她試圖用這種行為對侵犯隱私的記者們表達不友善情緒。除了表示憤怒和敵意外，遭遇到失敗或挫折的時候，也會出現這個動作，差別在於這時它是一種懲罰自己的身體語言。

　　另一種常見的動作是以手遮嘴。**捂嘴是人們在說謊話時的一種習慣性動作。**孩子說謊的時候，他會用手捂著嘴，企圖收回脫口而出的謊言，久而久之，就變成了一種自然反應，所以當成年人撒謊的時候也會用手捂著嘴或用手指擋住嘴唇。如果你想瞭解對方是否誠實，觀察他們是不是常把手指放在嘴唇上就知道了。

　　需要注意的是，「捂嘴」與「擋嘴」還是有區別的，也就是說，「擋嘴」還有提醒對方注意的意思。例如兩個人一起議論老闆的是非，剛好其中一個人看見老闆走了過來，於是他伸出一個指頭在自己的嘴唇前一豎；另一個人雖然沒看見老闆走過來，也能馬上明白「有情況」，而立即警戒地停止議論或壓低聲音。

嘴唇有變化多為負面情緒

咬嘴唇
・憤怒
・不友善
・懲罰自己

我沒拿……
以手遮嘴
・說謊中
・隱瞞
・說溜嘴

老大來了……
擋嘴
・提醒對方
・警戒
・要求保密

有意見嗎？
撅起嘴巴
・不滿
・準備反擊
・自我防衛

趕快來就對了……
舔嘴唇
・說謊
・緊張
・調情

　　此外，「擋嘴」還有一個要求對方保密的象徵意思。比如同事們聊天，其中一人開始數落老闆，說完用幾根手指把嘴一擋這就表示「我說的這些，可別讓老闆知道了。」不管如何，遮掩嘴唇的動作本身總是一種掩飾的行為。在他們與別人交談時，如果對方突然做出了遮掩嘴唇的動作，就意味著對方可能是要隱藏一些資訊。

　　用語言攻擊對方很常見的方式是**撅起嘴巴說話**。表示自己對於對方所說的話不滿，而且隨時有可能予以反擊。另外，撅嘴也可能是一種自我防衛的表示。與人交談溝通的時候，如果對方不斷地做出這種動作，最好能立刻改變溝通的方式，採取更多的方法來消除對方的心防，以期達到目的。

　　不自覺地舔嘴唇是說謊或緊張時的行為。因為人**緊張的時候，嘴唇通常會覺得很乾燥**，所以會不由自主地想要舔嘴唇來讓嘴唇濕潤。經常喝酒或抽煙的人也會嘴唇乾燥，所以也愛舔嘴唇。也就是說，如果只是在聊天，而對方不時地舔嘴唇，就說明這個人有抽菸或喝酒習慣的可能性很高。當然，舔嘴唇也是一種調情的動作，這個動作表現出性感和誘惑，在許多人眼中有著一定的吸引力。

身體透露的訊息⑪

鼻子

作為五官之一的鼻子，卻因為變化幅度特別小而總是被人忽視。其實，鼻子大小的變化和細微的動作都有著豐富的內在含義。

作為五官之一的鼻子，卻因為變化幅度特別小而總是被人忽視。鼻子本身並不能有很多的動作，也因此它能夠發射出的訊息很少，即使是細微的變化，也很難被人所掌握，所以觀察動作窺探心理的時候，往往會忽視掉鼻子的變化。但鼻子周圍的神經組織也是很敏感的，而且很多時候，鼻子細微變化的背後，藏著很大的學問。

例如，當一個人對於外界某件事情表現得不耐煩，甚至是有所懷疑的時候，他的鼻子就會不自覺地發出「嗤嗤」的聲音，鼻子微向上提、鼻翼緊縮，這種動作非常細微，如果注意到，那麼就能輕易從對方臉上看出輕蔑的意味。因此，鼻子表現出來的內心變化不可忽視。

當受到外界氣味的刺激，或者心理刺激的情況下，人的鼻孔就會明顯發生變化，這些變化還各不相同。比如，當聞到喜歡的氣味時，人的鼻子會放鬆，並且伴隨伸縮的動作，用力吸進氣息；如果聞到不喜歡的氣味，鼻子就會出現小小地顫動，還會伴隨打噴嚏的現象，甚至有人會摀緊鼻子，用手搧風，這是極厭惡的反應；還有，人在激動的情況下，鼻孔會擴張，並伴著微微的顫動，這些都是不同情況下鼻子的變化。

在談話的過程中，如果你發現對方的鼻子有些微脹大，那多半表示一種得意或者是不滿的情緒，也可能正在壓抑著某種情感。一般而言，鼻子脹大是表現憤怒或恐懼的情緒。人在興奮或緊張的狀態時，呼吸和心跳會加速，因而需要更多氧氣同時會造成鼻孔擴大的現象。可以說，鼻子脹大這種現象所代表的是一種得意、興奮或者憤怒、生氣的情緒。至於究竟是由於意氣昂揚，還是為了抑制不滿及憤怒所致，就需要從談話中的其他反應，比如臉部的表情或者其他變化來判斷。

與鼻子的變化有關的學問

長官！我改用聞起來有鈔票味的古龍水囉！

　　有的人天生容易鼻頭冒汗，吃頓飯也會汗津津的一片。如果對方沒有這種毛病，但在談話過程中鼻頭卻不停冒出汗珠，很可能是因為焦躁或緊張；而如果對方在跟你談判或討論時有這種情況，那麼他必然急於得到肯定的結果，因為害怕無法達成協議，所以焦急緊張，而陷入一種難以平靜的狀態。也就是說，**緊張、焦躁的情緒能導致鼻頭冒汗。**

　　另外，一般情況下，鼻子的顏色並不會經常發生變化，但是如果整個鼻子都有些泛白，就顯示對方情緒消極、畏縮不前的心理狀態。如果是在談話的過程中，對方的鼻子出現泛白的現象，**顯示他這個時候多半正在躊躇，為了某個事情猶豫不定。**

　　比如，在與人做交易時，不知道是否應該提出條件，或者是否提出借款而猶豫不決。另外，這類情況也會出現在表白卻遭拒絕的人身上，這是自尊心受損時的生理反應。另外，人在心中困惑、有罪惡感，或尷尬不安時，鼻子也會出現泛白的現象。也有人認為，當人們對於某件事情表示不滿時會摀住鼻子，表達自己的反感情緒；而如果對方在談話中用手摸自己鼻子的情況時，就表示這個人有些厭煩談話內容。**看到對方摸鼻子之後，提早結束談話是最應該採取的明智選擇。**

頭部動作

即使是資訊落後的地區，搖頭表達否定和拒絕意味也是公認的。甚至連出生不久的嬰兒也會本能地透過搖頭來釋放拒絕的訊號。

頭部動作是人類表達內心世界最直白的重要訊息之一，頭部的變化可以很清楚地傳遞出一個人隱藏的心理狀態和情緒變化。交談中，如果能夠正確捕捉到一個人頭部動作所發射出來的訊號，那麼就可以好好地掌控談話走向。

比如說，當一個人把頭部抬起來聽對方說話的時候，說明對方的話題引起了這個人的重視；還有如果一個人在談話時頭抬得越來越高，這個人很可能是在表示自己對這場談話不感興趣。發現在特定的情況下做出的頭部動作，往往蘊含著很多隱藏的資訊。

當人把頭歪向一邊的時候，表示一種默認的服從。因為這個動作是在向對方表明自己不具有威脅，更不會攻擊對方，是一種表示柔順服從的訊號。

也就是說，歪著頭的人是呈現一種輕鬆的姿態，希望對方也能夠回之以輕鬆的態度。許多能力很強，而且不會輕易服輸的人不會輕易把頭歪一邊，因為這種動作在他們看來是一種屈服，也是一種屈辱。

低下頭的動作，表示對某件事情持否定或不滿意的態度，與人交談的過程中，對方突然不回應自己，而且低著頭回避的時候，就說明談話的內容和觀點得不到對方的認可，或是談話中某句話語引起了對方的不滿。這個時候一定要調整談話的內容和方式，不然就無法從對方身上得到任何有用的資訊。

低頭對於人們而言還有一個訊號，那就是這個人沒自信。另外，點頭和搖頭也是傳遞資訊的重要動作。

與頭部動作有關的身體語言

老大有不一樣的想法……

我知道……

我在看周圍有沒有可疑人士，不是在搖頭！

頭歪向一邊
・默認
・輕鬆
・相信對方

低頭的動作
・不滿意
・否定
・沒自信

　　點頭是國際通用的肢體語言，雖然在某些特殊的地方它所代表的含義不同，但是在整體上來說，點頭的贊同意義可以說是通用的。對於陌生人而言，身體微向前傾的點頭，是在向對方表露友好。也因此，這個動作成為了一種跨國界、跨文化的通用肢體語言。在談話的時候，如果適時地運用點頭動作來表示贊同談話內容和對方觀點，可以激發說話者更強烈的訴說欲望，也就可以得到更多的資訊。

　　傾聽對方說話時，緩慢地點頭是一種肯定對方話語內容的表示，意味自己對話題很感興趣，而過於快速地點頭，則表示自己對這個話題已經聽夠了，暗示對方可以換下一個話題了。

　　相反地，搖頭是人們表達否定訊號最直觀的表現。行為學家的解釋是：「人們在面對自己不喜歡的人或事時，總是會不由自主地緩慢搖著頭，表達著自己對某人或者某事的不滿情緒和否定意味。搖頭也是國際通用的動作。即使是資訊較為落後的地區，搖頭傳遞出來的否定和拒絕意味也是公認的，甚至連出生不久的嬰兒也會本能地透過搖頭來釋放拒絕的訊號。

7

找出隱藏的性格特徵

　　與人相處的過程中，如何看透對方隱藏的真正情緒和性格特徵非常重要。無論是工作還是生活，如果不能夠解析一個人行為背後隱藏的資訊，就很可能導致判斷錯誤。如果沒有看穿人心的智慧，將會是一個很大的弱點，會給自己帶來很大的麻煩。

　　因此，如何透過一些日常的行為找出背後隱藏的內心性格特點，是很重要的溝通與談判的技能。在複雜的人際關係中，不知道他人的想法，就無法恰當地與對方相處，工作或生活都會遇到一定的挫折。因此，找出被隱藏起來的性格特徵，有著不可或缺的重大價值。

打電話

打電話時，人們經常會出現的一些透露心理秘密的下意識的習慣動作，而這些小動作可以讓人瞭解他們的真實性格特徵，還有其內心狀態。

人們在打電話的時候，經常會出現的一些透露心理秘密的下意識的習慣動作，而這些小動作可以讓人瞭解他們的真實性格特徵，還有其內心狀態，分析一個人打電話時的一舉一動所能夠獲得的資訊，往往比電話線另一端所聽到的資訊要多得多。

①打電話習慣手握聽筒下方的人，一般來說身體素質還不錯，他們遇事多半會採取積極主動的方式，而且行事果斷、乾脆俐落。所以他們在打電話的時候，幾乎不會在電話中和朋友聊天，更多的是迅速地把事情說完，隨即掛斷電話。

②打電話時，習慣雙手握住聽筒的人，性格極易改變，遇事難以做出決定，性格優柔寡斷不說，對自己的決定也是反覆無常。如果是男性雙手握住聽筒，極大可能在生活中會顯得有些女性化，容易因雞毛蒜皮的小事而悶悶不樂，且沒有決斷力和魄力。

③習慣將聽筒稍微偏離耳朵的女性，一般都很自信，性格中有一點逞強，還有一些男性化。空姐和模特兒等職業，常見這樣打電話的女性，而男性中幾乎沒有人採取這種握法。

④不管是習慣用左手還是右手握聽筒，空出來的另一隻手會做一些小動作。比如，一隻手拿聽筒，而另一隻手拿著筆畫畫寫寫，就代表這個人對電話中的內容感到厭煩了。因為大多數人在打電話的時候，注意力都會比較集中，而一邊通話，一邊信手塗鴉的時候，就意味著這個人很希望可以盡快結束這通電話。

⑤也有人會一隻手打電話，另一隻手卻夾著香菸。而香菸的位置，往往可以看出這個人對電話內容的態度。

電話溝通時可以觀察的細節

有話快說……　　嘮嗑完了嗎？　　還沒搞定？可惡……　慢慢來，處理完再回報！

手握聽筒下方
・身體素質好
・積極主動
・行事果斷

另一隻手有動作
・性急
・對話題沒興趣
・希望結束通話

擺動身體
・情緒不穩定
・喜怒形於色
・不穩重

坐著打電話
・悠然自得
・鎮定而自信
・不會委屈自己

如果正在談論的是他頗為關切的話題，他通常會把香菸擱在一邊。如果談論的話題讓他情緒有些激動，他會彈彈菸灰，緩緩地吸上一口，以緩解自己的情緒。但如果他惱火了，就會把煙頭想像成他的敵人，會用一種充滿敵意的動作，猛然將煙撚滅。

⑥一邊打電話一邊擺動身體的人，情緒不穩定，容易喜怒形於色。聽到進度順利時，身體習慣性地前俯後仰或左右搖擺，洋溢著一種得意的氣息；但是聽到進度不順利時會停止搖擺，握緊拳頭用力砸牆或踢桌子，有時也會把桌上的某種東西拿起來又放下，甚至是直接砸下去。**這種人性格較為輕浮，遇事不穩重。**

性格不同的人，不僅是握電話和手部小動作不一樣，選擇打電話的方式也不一樣。有的人喜歡邊走邊打電話，不會固定坐在一個地方。這類人的好奇心很強，對一切事物都具有探索的欲望，喜歡自由、創新，不喜歡呆板的工作，也**不喜歡受人約束。**

有的人則喜歡舒適地坐著或者躺著打電話，悠然自得、泰然自若。這類人在性格上極其沉穩，而且遇事不慌、鎮定而自信；還有一些人沒有什麼特殊要求，比較隨遇而安，動作和方式也不太拘泥，沒什麼特殊的習慣。這種人對自己不會太過苛責，生性溫和善良，但是也對自己充滿自信，能夠操縱自如自己的生活，並不會委屈自己。

購物習慣

人們不自覺形成的一些生活習慣中，多少會帶著一些隱藏的性格特徵和心理變化，而研究人們不同的生活習慣就能解讀其所蘊含的意義。

　　人們不自覺形成的一些生活習慣中，有許多是帶有一些隱藏的性格特徵和心理變化。比如說，購物結帳。習慣親自結帳的人，特點是：做事認真、負責，凡事親力親為。這類人對工作和生活都有極高的熱情，好像永遠都不會疲倦。雖然是工作狂卻不會冷落家人和朋友，注重生活品質，把家人和朋友當作最大的財富，時刻注意家人和朋友的動態。他們能夠好好處理工作和生活的關係，不遺餘力地追求事業顛峰，又能關注到對家人朋友的關心和愛護。

　　另外，習慣由別人結帳的人，他們很多沒有什麼金錢概念，而且有一些依賴性。這類人天生聰明，有很強的說服力，因此很受歡迎，而且也以此為豪。然而，沒有堅定的執行力是他們的缺點，遇到困難的時候很容易選擇放棄；他們害怕得不到因而不努力奮鬥，很多時候，除非現實情況已經觸及底線，否則他們不會輕易去反擊。

　　也有人習慣用電話或者網路付費來結清帳款。這類人是追求工作效率的典範。在他們的身上體現了時間就是金錢，他們總是在追求更能節省時間的方法，以求快速完成任務。做事之前，他們會全面性的考量，避免遇到突發狀況時束手無策。儘管他們常常有心去幫助別人，但是他們太過看重效率的性格，使得他們認為與不喜歡的人交往是浪費時間，也因此給人很冷漠的感覺。有這種付費習慣的人，總是會最大限度地把自己的時間和精力投入事業中，期待早一日實現自己的夢想。

　　另外，還有一個特質可以看出性格習慣——看到喜歡的東西會不顧一切地購買，也就是「購物狂」，這種人自我意識強烈，覺得自己比別人優秀，會強迫別人按照自己的意願行動，他們願意相信別人，但前提

購物與結帳習慣隱藏的性格特徵

習慣親自結帳
・認真、負責
・有熱情
・注重生活品質

習慣由別人結帳
・沒有金錢概念
・有依賴性
・容易選擇放棄

習慣網路付費
・追求效率
・考量仔細
・給人冷漠感

「購物狂」
・自我意識強烈
・不理性
・占有欲強

是沒有觸及到他們的利益。購物不理性也隱藏這些人性格中的一種控制欲、占有欲。看上的東西，就一定要屬於自己，這種心理很容易讓他們走上歧途。

　　與購物相關的，就是挑選送人的禮物。不同的禮物總是能夠引起不同的反應，而不同的人挑選禮物更是會從自己的性格喜好出發。因此，一個人的送禮習慣，也能看出他的一些性格特徵。有人會**選擇一些搞怪的禮物，這直接反映出這個人的跳躍式思維**。這種人頭腦很靈活而且不受拘束，他們很喜歡用一些搞怪的特點來加深旁人對他的印象。這種與眾不同的思維與創造性使他們容易成就大事，但也很容易平庸。因為瞭解自己聰明，但又願意努力的人實在太少了。

　　以食品作為禮物的人，一般都很會享受生活，期望成為焦點人物，對於工作會先跟老闆溝通，想好可能發生的情況，然後克服各種困難去完成。有著自己的道德底線，會謹守自己認為正確的原則。

　　喜歡選擇傳統手工藝品作為禮物的人很喜歡接受新事物，但更多的時候，他們會讓自己處於一種傳統的氛圍中，謹守傳統道德、喜愛傳統文化、手作能力強。

閱讀外部行為③

開車習慣

人開車上路時與其他車子所產生的關係，正是他在生活中與他人關係的寫照。

開車上路時與其他車子所產生的關係，正是駕駛者在生活中與他人關係的寫照。所以透過一個人的開車習慣，可以掌握他的情緒和性格。

①領導型人物習慣坐在後座由司機駕駛。一般來講，這樣的人勝負欲相當強烈，無論何時都不願意輸給別人。對他們來說，成就似乎可以算是一種威脅，所以只會要求自己更努力、更成功。

②開車的時候按規定速度開車，這一類型的人比較傳統和保守，為人誠實可信。他們通常採取中庸之道，即使勝算很大也不太會冒險。車對他們來說只是一種代步工具，他們開車的目的並不是尋找刺激，所以能穩穩地開車。他們很容易與他人建立良好的關係。

③喜歡超速的人，擁有很強大的自信心，自我感覺非常好。從某種程度來說，他們厭惡金錢和權勢，因此對名利看得相當淡泊。但是卻無法忍受自己過於平庸，因此總是不斷尋找機會證明自己的重要性。

超速駕駛只是因為他們隨心所欲的態度，自主意識讓他們認為快樂就好，他們討厭旁人給自己定下規矩，如果有人強行如此的話，他們可能就會採取相當極端，甚至是非常危險的方式來抵抗。

④總是喜歡在綠燈亮後最後一個發動車子的人，性格比較冷靜和沉穩，為人處世方面很小心謹慎，總是要等到有一定把握後才會行動。為了保護自己，他們會表現得很低調、收斂，不會鋒芒畢露，以避免被人傷害，因為他們追求的最終目的是安全而有保障。

⑤開車速度比規定速度慢很多的人，是膽小怕事的類型，這一點常使親戚朋友對他們感到失望，而他們自己對此也很苦惱。膽小的原因，

開車習慣展現的人格特質

飆車就是爽……

小心無極限……

龜速車閃一邊去……

後座車主
・勝負欲強
・不認輸
・工作認真

喜歡超速
・有自信
・自我感覺良好
・對名利淡泊

開車速度慢
・膽小怕事
・缺乏自信
・嫉妒心強

愛按喇叭
・脾氣暴躁
・焦躁不安
・很少心平氣和

很大一部分是缺乏自信，總覺得什麼也沒有把握。除了膽小之外，他們還有一個很明顯的性格特徵，就是**嫉妒心強**，他們總是會不自主地嫉妒或是嫉恨那些超越自己的人。他們雖然想奮力直追，可又常常跨不出膽小、不自信的藩籬。即使得到了某種事物，他們也會因為害怕失去而把事物對自己的影響降到最低或最小，他們認為那樣的話，即使失去也不會有什麼問題。

　　⑥有人只要綠燈一亮，就會搶先往前衝。這種類型的人生活態度比**較積極，多是頭腦靈活、反應敏捷的**，適應力和隨機應變的能力也都很強。急於向前的行動，顯示他們有很強的競爭意識，他們習慣凡事搶先一步行動，在某種程度上為成功帶來許多的機會。

　　⑦有些人在遇上堵車的時候，會不停地按喇叭。這個類型的人大多**脾氣暴躁、易怒，他們很少有心平氣和的時候**，總是顯得焦躁不安，而這種情緒的產生可能沒有什麼原因或是理由，只是因為心情浮躁而已。

　　這種人隨機應變的能力並不強，面對挫折和困難的時候，往往不知所措。而且一旦遭遇不如意的事，他們經常會尖叫、大喊、發脾氣，但是卻不能採取有效的辦法來解決問題。他們做事的效率也不高，本身能力也不突出，似乎每天都很匆忙，但卻看不到什麼實質的成就。

色彩與心理

人們常常會感受到色彩對自己心理的影響，這些影響總是在不知不覺中發生作用，影響和左右著人們的情緒。

每個人都有喜歡的顏色，不同的顏色給人的感覺也不同，對色彩的研究是從視覺開始，再從知覺、感情進而上升到記憶、思想、意志、象徵等層面，色彩所帶來的反應與變化極為複雜。客觀來說色彩是人們知覺的一種刺激和象徵，在主觀上又是一種心理反應與行為。

①喜歡黃色的人，富有高度的創造力和好奇心，他關心社會問題甚於切身問題，喜歡追求崇高的理想，並以此為驕傲。這類人表面上看起來像社交家，不管和誰都熟，朋友一大堆，但其實真正的朋友很少，他們的內心很孤獨，不會輕易向他人敞開心胸。不過，他們忠誠而穩重，絕對不會背叛朋友，也絕不會去做自己沒有把握的事。

②喜歡紫色的人，通常富有藝術細胞，容易多愁善感，機智中又帶有一些感性，觀察力特別敏銳。這類人相當有個性，絕對不會甘於平庸而被埋沒。在公眾場合，他們顯得沉默而內向，但在熟人面前他們卻異常活躍，典型的外冷內熱型。唯一值得注意的是，他們常容易濫用他人的感情，造成很多不必要的誤會，甚至惹禍上身。

③喜歡黑色的人，通常很積極，對未來有著很明確的規劃，也會為了實現自己的目標而不斷努力。即使有些時候他們會不修邊幅，但他們依然能給人優雅的感覺，屬於生活品味很高的人。這類人很有主見，能夠在複雜的局勢中認清自己想要的是什麼，並堅持自己的主張。

④喜歡紅色的人，是精力充沛的行動派，不管花多少力氣或代價，也要滿足自己的好奇心和欲望，因此有時候容易感情用事。他們大多樂觀而積極、大膽而新潮，對流行資訊相當敏銳，充滿了活力，常常

留意對方的色彩偏好很重要

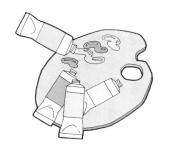

能感染周圍的朋友。不過，他們往往缺乏耐性，稍有不順就會生氣，但生性樂觀的他們並不會因此而悶悶不樂，而是在生氣後想辦法解決。所以，他們通常不會一蹶不振。

⑤喜歡藍色的人很理性，**面對困難能夠臨危不亂，順利解決問題，甚至等待時機打出漂亮的一擊。**他們的人緣應該不錯，但事實上卻不擅與人交際，所以很多時候他們都只是和朋友組成小團體。一般來說有些**固執己見，不太能接納別人的想法**，即使與人意見相左，表面上也不會顯露出任何心中的不悅。

⑥喜歡粉紅色的人，常常想呈現出年輕而有朝氣的樣子，甚至希望給別人高貴的形象，這類人大多是俊男美女。粉紅色充滿幻想的意味，所以喜歡這個顏色的人很多都有強烈的逃避現實的傾向，他們不擅長向人吐露心事，只是常常躲在自己的小天地，避免與他人的接觸，又因為不容易接受別人的意見，也不喜歡和人爭論，而常被評論優柔寡斷。

⑦喜歡白色的人純真可愛，也懂得矜持自愛，這類人都希望自己的**人生簡單而純粹，他們喜歡簡單的生活，不喜歡將事情複雜化。**因為白色象徵著純潔無暇，因此他們也有些希望做到沒有任何瑕疵，有追求完美的傾向。而且因為白色的高潔，喜歡白色的人容易顯得自負，有脫離現實的傾向。他們有時候會因為太熱心，反而容易做出得不償失的事情來，常常搞不清楚自己的目標和重心。

筆跡

每個人書寫出來的文字都會著不同的特點，細節的不同就代表著一個人性格中些微的差異。

　　我們常說，字如其人。一個人的筆跡，或多或少透露著主人的性格特徵：有的人寫字筆走龍飛，瀟灑豪放；有的人寫字卻是一筆一劃，謹慎如行走薄冰；也有人寫字時好時壞、自由自在、隨心所欲……即使是同一張字帖，由不同的人來臨摹，也會帶出不同的細節和感覺。

　　筆跡分析是心理學的最高境界，一個人的筆跡可以反映他的內在性格特徵，而不同情境下的不同筆跡，更是可以反映出一個人當時的心理狀況和潛在性格因素。同時也有著專門的筆跡分析這個行業，他們透過筆跡分析來判斷主人的身分。毫無疑問地，筆跡可以傳遞一個人的性格和心理。對此，筆跡分析專家藉由分析筆跡和性格，總結了最常見的幾類筆跡特徵所代表最顯著的性格特徵。

一般來說，最常用的筆跡特徵分成七大類：

力道

　　第一個特徵是書寫的力道，它反映了人精神和肉體的能量。筆跡痕跡較重的人，書寫力道較大，表示其生命力強、自信，但是也專橫、頑固；而筆跡痕跡輕的人，書寫力道也輕，代表書寫者性格敏感、主動性差，而且缺乏勇氣和抵抗力。

結構

　　第二個特徵是筆畫的結構方式，這個特徵代表了書寫者面對外部世界的態度。書寫的時候一筆一畫，字跡工整的人，通常辦事認真、通情達理，也具有較強的紀律性；而如果筆畫過分伸展、誇張書寫，則反映了這個人有些愛慕虛榮，想要被人關注的心理特點。

大小

第三個特徵是字的大小，它是一個人自我意識的反映。字體較大代表書寫者情感強烈、善於表現自己，與人相處時，習慣自我為中心；而字體小的人，則精神集中、心思細膩的人，但是通常帶有焦慮和自我壓抑的特質。

連貫程度

第四個特徵是書寫連貫程度，這個反映了人思維與行為的協調性。書寫傾向連筆的人，有著較強的判斷力和推理能力，做事情也比較有恆心；而寫字不連筆、筆畫清晰的人，則屬於分析能力較強，生活比較節制，個性也很獨立。

字的走向

第五個特徵是字行走的方向，這是自主性還有與社會關係的反映。字行上傾，表現了書寫者的熱情，是一個有勇氣、有抱負的人；而字行下傾則反映書寫者情緒上的低沉、悲觀等心理特徵。

速度

第六個特徵，是書寫的速度。與理解力有關，書寫緩慢的人，思維速度也緩慢，做事小心謹慎、遵守紀律；書寫快速的人則反應也很快，善於觀察，概括與抽象能力很強，但是做事恆心不足，容易半途而廢。

布局

還有一個特徵，是整篇文字的布局，這個特徵反映書寫者面對外在世界的態度。文字的布局包括字距、行距和頁邊距離等方面。如果整篇文章字都偏向左頁，就反映這個人留戀過去、追求安全感，對未來稍顯勇氣不足；而整篇字偏向右頁的話，則是嚮往未來的表現，而且有勇氣面對未知。

簽名

每一個人都有自己的字體,所以每個人的簽名也都是獨特的。簽名風格相似的人,也有著一些相似的性格特點。

每一個人都有自己的字體,所以每個人的簽名也都是獨特的。

很多人覺得只有公眾人物,如名人、明星或企業老闆才需要漂亮的簽名,普通人則不需要。

其實不然,每個人一生中需要簽名的次數不可勝數,只不過不像公眾人物般受人關注。簽名次數多了,很大程度就形成了一種固定的簽名風格,雖然不一定華麗,但也一定帶有自己風格。

①讓人無法辨認的簽名

這一類型的人,性格多比較複雜,他們並不討厭自己身上的那層神秘面紗,同時也很喜歡把自己當成很另類的人,不介別人異樣的眼光。**這樣的人能夠很好地掩藏自己情緒中的變化,別人很難真正瞭解他們。**

②字體緊密而且很小的簽名

這一類型的人,生活節儉,甚至可以說得上是精打細算。這種人做事的初衷大多數是好的,但是最後卻總是達不到預期的效果,大部分是因為好心辦壞事的關係。這種人也不會太在意別人的眼光,對於自己認定的事情,會不遺餘力地去做。

③最後一筆畫強勁有力的簽名

這一類型的人一般都有很強的自信心,還有一股不屈不撓的精神,這在他們做事的過程中尤為明顯。只要是他們想做的事情,哪怕付出再大的代價,他們也一定會努力去完成。

④字體花俏的簽名

這一類型的人，簽名看起來很花俏、很好看，但實際上字體間缺少一種力量，只有一個空殼子。這種人習慣用表象來掩蓋自己的內心，是缺乏自信心的一種表現，他們經常會借用很絢麗的外表來掩蓋自己的不自信。

⑤字體不斷下降的簽名

這一類型的人面對問題時，總是缺少信心和耐力，還時常會有想要逃避挫折和困難的想法，認為自己難以承受壓力，是比較容易心理疲勞的一類人。

⑥字體不斷上升的簽名

這一類型的人很有自信心，也有很大的野心。他們不會輕言放棄，不達目的誓不罷休。這種人大多可以從底層開始，一點一點建立成功。他們在開始做一件事之前，一般會先制定一個可行的計畫，在確保不會出現大問題的情況下才會開始行動。

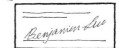

⑦如圖畫般的簽名

這一類型的人，成熟穩重、充滿自信，而且意志力堅強。他們多有良好的學識和修養，對待事物有自己獨特的見解，為人處世極有禮貌。

他們也有很好的想像力和創造力，常會有一些出人意料的成就。一旦他們決定要做一件事情了，就會像他們的簽名一樣一氣呵成，而且不會半途放棄。

⑧字體工整的簽名

這一類型的人，外表可能看起來相當成熟，但實際上他們卻還是不成熟的，他們大多思維過於保守拘謹，這使得很難有什麼突破性的想法。

而且因為不能夠深刻理解現實，而使他們常常會提出一些聽起來很幼稚，根本不切合實際的想法，但他們對這一點卻不自知。

⑨始終有一條線貫穿其中的簽名

　這一類型的人，常會有一些自卑心理，不時就會否定自身存在的價值，也因為極度不自信，使得他們總是認為自己一無是處，他們的生活經常在不斷地自我責問、自我否定中進行。

⑩喜歡畫波浪底線的簽名

　這些人熟諳社會的立足之道，為人處世圓滑而世故。任何時候，他們都能夠深思熟慮，以及憑藉多年來總結的人生經驗，使自己處於一個有利的位置，占據主動權，掌握事情發展的方向。

⑪最後有著句號或是破折號的簽名

　這一類型的人常常比較多疑，為人處世小心謹慎，並總是為此苦惱和困擾。他們做事會遵循一定的模式，當事情失去控制的時候，能夠迅速想出最好的解決方法。

⑫喜歡畫圓圈的簽名

　這一類型的人，性格多有些孤僻，他們討厭被人干擾。他們缺乏安全感，所以常常無端地懷疑和猜測別人；他們有較強烈的恐懼感，所以迫切希望自己能夠與外界完全隔離開來，這樣他們心理上才會平靜下來。

8

如何掌握主導權

　　掌握主導權能夠在人際交往中處於優勢地位，尤其是在商業性質的談判中，掌握了主導權，就代表能主導談判或溝通內容的方向，可以得到更大的利益。

　　而且，主導權不僅提供一個優勢的地位，還可以有效地瓦解對方的心理防線。快速解讀對方的心理，瞭解對方的真實態度，可以控制事態發展的方向。那麼應該如何掌握主導權呢？

如何掌握話語權？

抓住對方話語中的破綻，直接採取逼問的方式，使對方措手不及，就能為自己的談判增加更多一些的獲勝籌碼。

如同掌握選舉主軸一樣，想要掌握話語的主導權就是不斷地提問。與人交談，事先做好準備是不可少的，一連串令對方措手不及的問題能迅速擾亂對方的思維，從而獲得談話的控制權。懂得用這種方法掌握話語權的人並不在少數，這類人總是表現得很積極，有可能是表面上的活潑熱情，也有可能是內心的熱情善良，然而不管哪種，都是內心強大的人，習慣主導，而不是被別人所控制。

處事圓滑也是他們的特點之一，對他們來說，做事就應該做到盡善盡美，與人相處就應該和和睦睦。也因此，他們有很多朋友，而且他們對於朋友的定位也很清楚，誰是酒肉朋友？誰是值得深交的知己？在他們心中都很明白。

生活中也會遇到很多這類的人，瞭解並摸清他們的性格特徵，就可以學會先發制人採取同樣的手法來掌握話語權。當你面對這種喜歡提出問題，而且提問之後還會喋喋不休，要瞭解話語權轉到他們手裡之後，很可能整個談話就會按照他們的想法進行，在很多情境中，這並不是有利的現象，所以必須用更強勢的態度來搶回話語權，這就是在與這類人打交道時所總結出來的結論。

這是由於一連串的提問好比連珠炮一樣，是趁對方沒有準備的情況下，猛烈攻擊讓對方思考停滯的方法。對方由於沒有心理準備而目瞪口呆、語無倫次的時候，並不能夠很完整構思自己所要說的話，甚至沒有辦法思考自己能否說真話，而不自覺說出真話。

事實上在實務中，對這種連珠炮式的提問控制話語權的方法運用得最好的就是律師與政治家。當他們無法能夠掌握足夠的證據時，他們就

掌握話語權一定要隨機應變

看起來準備很充分，所以更
要小心應對，尋找破綻……

會向對方提出很多問題，將對方帶入自己的語言陷阱中，使對方思維混
亂，不自覺說出一些有價值的資訊，而當對方瞠目結舌時，他們就達到
自己的目的了。

當然，在實際的談判或交談中，也有可能會遇到準備充足的人，面
對連續問題也不會顯得慌亂，反而對答如流，甚至還能找到空檔提出一
兩個問題，企圖反轉局面、掌握話語權。當對方可以做到對提問對答如
流，甚至企圖反控局面的這種情況，一定不能著急，而是要針對對方顯
現出的弱點，不斷地提出混亂對方思維的問題，問題的答案不能太過模
糊，問題本身卻不應該太過清晰，兩者相結合即是讓對方無法準確把握
問題的關鍵，進而產生思維的混亂。直到對方最後啞口無言，甚至是心
理防線崩潰，才能轉由己方完全掌握話語權。

有的時候，可以用模糊的話術向對方提出一些自己已掌握答案的問
題，打亂對方的思緒，使對方喪失繼續周旋的決心。因此，在關乎公司
或者個人發展的談判中，如果對手的談判經驗
很豐富，而沒有獲勝的決心時，可以嘗試採用
這種連珠炮式的提問方法來為自己解圍。抓住
對方話語中的破綻，直接採取逼問的方式，使
對方緩不過神來，就能為自己的談判增加更多
一些的獲勝籌碼。

為什麼說謊？

越是矢口否認做過，越是顯示存在一些不可告人的秘密，也就越明顯地表示這個人說謊。

心理學專家說，人天生就會說謊，而且說謊的頻率讓人吃驚，根據調查顯示：男性平均一年說謊1092次，每天約3次；女性平均一年說謊728次，每天約2次。這些謊言中有些是自己沒有做過卻謊稱做過，更多的是自己做了卻矢口否認的。

現實生活或是新聞中，更是有許多人極力想要否認一些自己曾經做過的事情，而且希望別人相信自己的無辜。但越是矢口否認做過，越是顯示存在一些不可告人的秘密，也就越明顯地表示這個人說謊。如何識別這種矢口否認背後的秘密，是一個重要技能。

在生活中遇到事情會矢口否認的人，一般都有一些共同的特點：他們不善與人爭鬥，做事謙虛謹慎、有禮謙讓、心思機敏、聰穎靈慧，不容易被人所騙，而且他們也大多善良、樂於助人。他們對別人的意見總是表面上接受，卻暗地裡讓人按照自己的意見改變。

不過，這類人大多心思簡單，不會有太多的心眼，他們總是私底下將一件事情考慮透徹了，並按部就班地做事，不喜歡太多的意外。這類人看起來也是外表柔順脆弱，但是他們會小心地保護自己，避免自己受到別人的傷害。大致上，他們給人的印象都非常好，而且在許多方面都會有著極優秀的表現，為人光明磊落。

但是這些人雖然能夠保證自己在人群中的影響力，但是更多是因為沒有涉及到他們自身的利益。這些人雖然很多時候讓人敬佩，但是他們在一些事情上卻很容易產生錯誤的行為，尤其是當牽涉到他們的切身利益的時候，往往會一口否定，並表示自己毫不知情，用自己平日塑造的良好形象來鞏固自己的無辜。

識破謊言要先瞭解原因

相信我，
我不吸血的！

　　一個人如果對於某件事情過度否認的話，很有可能就是在說謊，因為不管什麼事情，如果沒有聽清楚就否認，那麼這個人心裡肯定有鬼，並且很害怕被人知道。

　　這種人可能對法律有一定的研究，為了避免自己出現口誤，就一律以不知道來回答，避免因為語言失誤而出現任何的破綻，明顯保持否定的態度。這種方法在某種程度上反而會讓人懷疑，過度否認只會引起別人更多的懷疑，而當懷疑到達一定程度時就會爆發，也就會使事態向不可預估的地步發展。

　　這種會矢口否認自己做過的事的人，一般不太有責任感。他們可能為人善良溫和，但事實上，他們確實是不能擔當得起責任，遇到事情總是不由自主地逃避。

　　害怕負擔責任的他們也沒有辦法承擔過多的壓力，一旦遇到壓力和責任，他們就會用否定的方法讓自己躲到一個自認為安全的區域，然後採取各種方法將責任推託給別人，哪怕會使人受到傷害也再所不惜。對他們來說，不侵犯到自身利益的時候，每個人都可以是很好的朋友，一旦這個人侵害到自己的利益，或者會給自己帶來傷害，那他們就可能會翻臉不認人，甚至完全否定那個人的存在。

創造氣勢的關鍵

氣勢的強弱對溝通的控制權很重要，讓對方感受到你的氣勢，才能夠達成自己想要達到的目的。

　　一個人在表現自己的過程中，最能打動人心並不是言語，更重要的是氣勢。一個人的氣勢可以讓人忽略言語，只單純地從氣勢感覺來判斷一個人的正確性，然後受其感染變換情緒。也就是說，想要他人認同自己的觀點，對自己所說的感興趣，必須要有讓別人心動的本領，而最簡單、最有用的方法，就是氣勢的感染性。

　　說話時所表現出來的氣勢，跟性格和社會地位有一定的關聯。一個性格強勢、社會地位高的人，說起話來就能讓對方有壓迫感而不敢反對；而一個性格溫和、社會地位中等的人，說起話來很可能讓人感覺很舒服，並不會過分地反駁；而性格暴躁、社會地位又比較低的人，說起話來或許就會讓人感到不耐煩，沒聽兩句就不想繼續交談，也會全面反駁對方的觀點。但要瞭解說話的氣勢其實是可以練習的，不過說話的氣勢，或多或少都帶有本身的性格特徵。

　　比如說，有人說話軟弱無力、語調低沉。低沉的語調會讓人產生一種神秘感，似乎是聲音刻意壓低而產生的效果。一般來說，有這樣氣質的人讓人難以輕易看透的，給人一種神秘感，甚至會讓人感到陰沉而心生恐懼。這類人有著很強的適應能力，能夠迅速平靜自己的心靈，用最好的狀態去迎接下一個挑戰。

　　這類人很多疑，對任何人都保持一定的距離，他們能夠保守秘密，不願意接受別人的意見來改變自己的主意。他們心思細膩、敏感而多情，而且占有欲很強，總是覺得別人不理解自己的重視，他們總是會要求別人體諒自己，並且以同樣的重視回報自己，但是一旦別人對他表現出占有欲的時候，他又會覺得對方用感情束縛自己。

掌握氣勢即使不說話也能壓制對方

你敢穿的跟
我一樣嗎？

　　與之相反的，是說話速度快而且語調有力。這類型的人很有自信、做事果斷。因為有自信，所以說話氣勢強，而且不會含含糊糊，但是這種人有一點急躁魯莽，讓人有些難以接受。這類人能夠憑藉自身的氣勢壓迫別人，但卻也容易招致反感。這樣的人很多時候是很慷慨大方的，從他們中氣十足的聲音就可以聽出，他們不會為一點小事鬱結，不過卻很容易因為一件小事發脾氣，這種暴躁的轉變並不長久，也就是說他們並不記仇，總是能在最短的時間內忘記讓他們不愉快的事情。

　　如果能夠善用氣勢，加強語言的感染力，以此去打動他人，就能夠在談判時占據有利的局勢。但這種氣勢要控制好，不然有容易讓人覺得驕傲自滿，反而產生反感。最容易引起共鳴的是宏亮悅耳、語調抑揚頓挫清晰的語調，這樣能達到傳達的最佳效果。

　　一個人的氣勢大小，跟性格和社會地位有著密不可分的關係，但卻不是絕對的。那些被記者逼問導致語調軟弱的人，平時性格可能都比較溫和。而能夠把記者的氣勢壓下去，並讓記者不敢逼問的人，通常性格都比較強勢。這跟這些人本身的性格，還有他們在社會上的地位有關，職員需要聽從上級指示，所以對氣勢的壓迫很敏感，習慣性低頭是他們常做的事情。而對老闆來說，沒有足夠的魄力、氣勢，在談判場合就容易被欺負，甚至無法管好公司及部屬。

面對攻擊該如何反應？

遇到攻擊的時候，不應該直接回應，也不應該逃避，因為直接回應可能會引起爭鬥，而逃避的話，很有可能帶來下一次的攻擊。

與人的交往，並不能保證遇到的每一個人都是禮貌而謙遜的，因為對方可能會藉由攻擊來保護自己，這種情況可能來自於上司、同事，或是朋友，甚至是家人。這類攻擊有可能是無心的，很可能只是想要保護自己，然而一旦感受到這種攻擊時，每個人多多少少會無法忍受，甚至有人會予以回擊，進而引起一場不必要的爭鬥。

遇到語言攻擊的時候，不應該直接回應，但也不應該逃避，因為直接回應可能會激化爭鬥的狀態，而逃避的話，也很有可能帶來下一次的攻擊。其實當一個人遭受別人無理的語言攻擊時，最應該採取的行動是以下幾件事：

①找到造成攻擊的原因，並理性分析。

常聽說的「刀子嘴，豆腐心」，就是指有些人天生嘴巴比較厲害，但很多帶有攻擊性的語言也只是說說而已，並沒有心存傷害的意味。許多瞭解他們的人，很可能會一笑而過，不甚在意。但如果是剛認識，甚至只是萍水相逢的人，則很可能會因為一句話而火冒三丈，有氣難出。當遇到這種的人時，如果能夠理解，最好一笑置之，而如果不甚瞭解，又對他們的攻擊如鯁在喉時，則可以幽默地反駁。

②正當維護自己的尊嚴，不回避問題。

對於那些沒有惡意的語言攻擊，以幽默的語言回應是對彼此的一種尊重。但是，如果是對那些刻意使用侮辱性語言進行人身攻擊的人，最好的辦法就不是不痛不癢地回避了，而是**直接反問對方**：「你知道這樣會對我造成困擾嗎？」，也可以直接請對方解釋：「請問你是什麼意思？」或者是「我希望是我聽錯了，或是我想太多了？」，這樣對方就

面對攻擊一定要沉著應對

會明白自己需要正面說明他的言語攻擊，對一般人來說，有可能會冷嘲暗諷，但當面侮辱大多做不來。挑明關係之後，對方也會瞭解不能隨意地攻擊。不管對什麼樣的人一味的縱容並不能讓他們知道自己的錯誤。

③對捏造的攻擊，一笑置之。

很多人聽到侮辱性的語言，第一反應就是生氣，並想要回擊。但是仔細想來，有些語言攻擊不過是對方以小人之心杜撰出來的，並不具有任何實質的意義，甚至不用自己否認，身邊的朋友和同事就會予以反駁，這樣如果自己還要還擊的話，倒顯得自己太過在乎了。

④先接受對方的指責，然後利用同樣的話語反詰對方。

這種情況，反應要足夠靈活才能做到。說話帶有攻擊性的人，大多個性衝動，但是卻有著一定的社會地位或能力，才使得他有機會反詰別人的言語攻擊。這個時候，被指責的人不應該失去理智互相指責，因為這對雙方都是沒有好處，如果能夠在對方進行指責的時候承認錯誤，然後再予以反問回擊，使對方啞口無言，也不失為一種很好的反擊方法。

語言是多樣的，各種語言都可以進行交流，自然可以進行攻擊，也可以反擊。若一個人過分的用言語攻擊別人，那麼他自己的內心肯定是不安的，因此他們才會想要否定別人來肯定自己。

抓住聽眾的注意力

在工作和生活中預告效果非常常見，學會預告的技巧，可以牢牢抓住聽眾的心，達到自己的目的。

現今的社會，讓人們總是過於自我中心而不懂得傾聽他人的意見。然而，從傾聽者的角度轉換為演講者，使別人有耐心聽他們說話，才是與人交流的最終目的。藉由控制話語權掌握談話的走向有一些技巧。

①**學會襯托**

熟悉銷售的人都知道，銷售並不是只說某一個物品怎樣就好，而是要與另一個物品相比，只有在**襯托**的方式下，想要傳遞的資訊才能夠傳遞出去，否則就只是一個無法讓人準確瞭解的數據或文字。

這種對比法廣泛運用在生活周遭，電視、平面廣告、業務員向客戶推銷產品等，如果只告訴客戶自己的產品有哪些特點，很可能話還沒說完客戶就離開了，但如果是借助比較的方式與其他公司的同類型產品比較分析，很容易就能吸引到目標客戶的注意，並成功完成一筆生意。

②**學會預告**

常見的例子就是電視中的預告。這是因為人們對於未知會有一種本能的焦躁感。適當做出預告是一種緩解對方焦躁感的技巧。前面提到，電視節目常用預告這種形式，一方面是如果沒有預告，那麼接下來播放的節目就不容易引起關注，並且預告可以減少人們對於未知的焦慮。如果是自己喜歡的節目，人們就會耐心等待時間到來，而不是茫然未知的等待，這就是一個簡單預告的效果。

預告的效果無論在工作和生活中都非常常見，**學會預告的技巧，可以牢牢抓住聽眾的心，達到自己的目的**。預先告知對方接下來的行動，不僅能消除對方對未知的焦慮，也是尊重對方的表現。當對方感受到這份尊重之後，便能拉近彼此距離。

抓住聽眾注意力的技巧

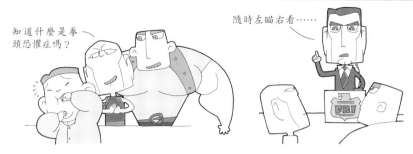

知道什麼是拳頭恐懼症嗎？

隨時左瞄右看……

③學會視線緩慢平移

眼神的交流，是與人交往中非常重要的要件之一。如果與人交談時目不轉睛地直盯著某人，是非常不禮貌的行為；但交流時眼神沒有定焦、不時地東張西望，也會讓人感覺心不在焉，不重視談話。因此視線的焦點也是談話中的重要技巧。與人交流的時候，視線緩慢平移是得到別人認可的最佳方式。在對方說到非常重要的問題時，要將目光聚焦在對方身上，或者是與對方進行短暫的對視，都是在向對方傳達自己的尊重與傾聽。

視線緩慢平移時與對方或聽眾視線的交流很重要，而且視線的平移在視線交流後不應超過15秒，之後應該根據自己的習慣和環境的需求來決定視線的焦點，過於頻繁的視線平移也是不利交流。

④物以稀為貴

比如說，老師授課時看見昏昏欲睡的學生們，並不會大聲斥責，只是高聲宣布：「這道題我只講一遍，而且期末考會考，你們以後遇到如果不會，別來問我。」雖然這說法帶有明顯的威脅意味，但就因為老師說只講一遍，所以學生會覺得不可錯過，自然會打起精神認真聽講，這就是物以稀為貴方法的一種運用。

從某種程度上來說，這種方法利用的是人們珍藏的心理，因為人在成長的過程中總會失去很多，而懂得珍惜就會抓住每一個機會，也因此這種物以稀為貴方法有它存在的價值。

性格影響話題走向

話語權與性格

與人交談的過程中，遇到和自己意願不一致的話題導向時，自己就需要及時運用各種手段來控制談話的趨勢。

生活中常常會遇到這樣的事情，明明已經不想再聽對方說話了，可是對方依舊不停說著自己想要表達的內容，一般基於禮貌的原因，也不好打斷對方。但此時，談話的調整和控制是不可少的。

在與人交談的過程中，遇到和自己意願不一致的話題導向時，自己就需要及時運用各種手段來控制談話的趨勢，不是聽之任之，浪費彼此的時間，並失去取得資訊的最佳時間。對此，就需要依靠各種表情和動作來控制對方的話語，使談話按照自己期望的方向進行。這裡提出在遇到以下這些情況的時候，該如何控制話題走向：

第一種是希望對方快速進入主題

很多人談話時總是喜歡東拉西扯，彷彿全世界都談了一遍，卻還是沒有進入主題。遇見這樣的談話對象時，很多人只能表示無奈。在這種情況下，用快速向說話者點頭示意的動作，可以傳遞出自己已經明瞭對方的意思，傳遞希望快速進入主題的意圖。

對喜歡慢條斯理、東拉西扯的人，這樣的人大多有著強烈的自我優越感，不太在意、尊重其他人。但不能否認的是，這種人很聰明、頭腦機靈，而且很愛出風頭。實際上，他們的侃侃而談是在向對方傳遞著一個資訊——我很博學，知道的很多。但是這樣的態度卻很容易引起對方的反感，雖然時刻掌握話語權，卻不知道要控制談話的主題而使得談話內容空洞而沒有重點。

這類人往往過於自負，他們總是希望自己得到更多的關注，因而以強勢的態度控制了話語權，但是卻不能把握談話的主題，因而會產生一種令人尷尬的處境。

忽略話題走向將浪費很多時間

這傢伙到底在說什麼……　已經說了四個小時了……

所以，遇見這種人的時候，可以表面上肯定和讚揚對方，然後用點頭的動作傳達已經明瞭的意識，同時可以用言語提示一下主題，表達自己希望快速進入主題。通常對這些人表示肯定之後，他們很快就會收起侃侃而談的氣勢，轉而說出對方想要的訊息。

第二種就是希望對方能主動掌握話語權

其實這種情況，可以直接將話語權交給對方。因為只有這樣，有些人才會主動去說，並且主動提出線索。

主要原因，是這種需要直接扔出話語權的情況，一般是因為談話前已瞭解對方的性格，面對不願意做的事情，總是用各種藉口推託，而對於自己感興趣的東西，會用盡手段獲得。同樣，如果是自己不想談的話題，說再多也勾起不了他們的說話欲望，而一旦是碰到感興趣的話題或是想要說的話，只要讓出話語權，他們就會給出豐富的資訊，而且不會有絲毫的隱瞞和虛偽。

這類人的情緒多變，他們希望自己能夠處於一個和平的環境，所以也會努力解決周圍的矛盾，好好處理自己的人際關係，以及處理好工作生活中的各種難題，因此身邊的人都願意和他們做朋友。雖然這類人很受歡迎，但是他們做事缺乏決斷力，而且有一些畏首畏尾，非萬不得已，他們就不會主動去做。在他們的觀念中，多一事不如少一事，自己不去處理這件事，總會有人出面處理。這種缺少主動擔當的精神，也註定他們無法獨立、果斷地處理事情，失去了很多成功的機會。

面對這樣的人如果言語過於強硬，會讓對方無意識中就豎起一面保護牆，不讓自己談太多。這時只需要與對方聊一些家常瑣事，並不需要過於引導，直接將話語權交給對方，讓他可以就談話或交涉過程中提出的幾個關鍵字自由發言，這樣對方就能夠說一些自己想說的話。

　　還有一種人，就是自以為是救世主的人。這種人在心理上很自大，總是認為這個世界少了自己不行。這與第一種人有些不同，第一種人大多是賣弄自己的知識，而這一種人更多的是認為自己很了不起，言語間全是對自己的誇讚。

　　這種人很可能說話時沒什麼惡意，但是他們卻總是不停地訴說著自己的豐功偉績，然後打擊別人。有**兩種情況會導致這種心理**，一種是心理上的**極端自卑**，另一種就是**無知**。這類人有著一定程度的能力，但是卻對自己的能力過於理想化和誇大化，直接導致他們不斷地自誇。

　　遇到這種人的時候，可以將手指放到唇邊，表示「夠了，你可以不用說話了」，而一旦看到這樣的手勢，對方就能感覺到這場談話中止的必要性了。

9

如何獲取信任

　　信任，是人與人交往的基礎，如果兩個人互不信任，那關係就好比一座紙架的橋，一有什麼風吹草動就會搖擺不定，甚至倒塌。對於互不信任的人來說，即使是一個小小的誤會，都有可能造成難以挽回的後果。

　　贏得對方的信任是一件非常重要的事情，彼此信任才能獲取更多好的結果，對工作和生活有著深遠的影響。那麼該如何才能夠獲得他人的信任，並給對方一個最為接受的形象呢？

第一印象

一個人的形象不僅僅在於自己展示了什麼樣的訊息,更重要的是,別人會通過這個第一印象來理解一個人。

與人初次見面必定會給對方留下某種印象,這在心理學上叫做「第一印象」或「刻板印象」。形成的途徑,主要是表情、姿態、儀表、服飾、語言、眼神等多個方面的綜合印象。

初次見面的最初4分鐘,是印象形成的關鍵期。而且,一個人的形象並不僅僅在於自己展示了什麼樣的方面,更重要的是,別人會通過這個第一印象來理解一個人,包括性格、能力等各個方面。良好的第一印象不僅可以讓別人記住自己,而且能增加自己的自信,在與他人相處共事的過程中,也會因為一個良好的第一印象而事半功倍。

①穿著得體

這裡的穿著得體,只是說要在不同的場合穿戴不同的服飾,要做到合乎自己的身分和環境,還要表現出自信。比如說,如果去律師事務所面試,就應該穿戴得沉穩一些;而如果是去時尚產業工作,那麼就不要穿著深色的套裝和呆板的皮鞋,在突出自己整體形象的基礎上,增加一些細節的裝飾會更加分;如果是要參加一些活動、會議或聚會,那麼根據舉辦方和參與者,以及聚會主題選擇自己的服裝,更是不可少的。

②要表現得自信大方

即便內心充滿自信,但如果走路無精打采、姿勢懶散,那人們所接收到的資訊也會跟他預期的相反。表現得自信,至少會帶來兩個好處:第一,別人會得到正面的資訊,快速形成一個良好的第一印象。第二,表現出自信,那麼這個人對自己的感覺也會越來越好。

此外還有一個令人意外的好處:好的姿勢能讓你看起來更挺拔,在工作和生活上獲得更多的優勢。雖然這聽起來沒什麼道理,但實際上,

建立良好的第一印象

人要衣裝，佛要金裝，懂吧？

光是挺直腰桿，就能帥度爆表！

表達要直接，肯定，知道嗎？
展現堅定與自信！

挺拔的人在職場上確實有著一種優勢——他們的平均收入更多，而且掌權的機會也更大，看看身邊的人也許就能發現。

③在說話時，看著別人的眼睛

在跟人談話的時候，**適時與對方的目光接觸**，不要閃躲。這不僅能給人專注而自信的印象，也更容易吸引對方的注意。如果目光漫無目的亂轉，會讓對方產生不信任的感覺。

除了目光接觸，還有其他一些小技巧，比如握手不要綿軟無力。**簡單、有力地握手是最好的**，但也要注意也不能過分用力。

④清楚、自信地表達自己的意思

很多人在跟別人說話的時候，會加上過多的修飾和謙語，比如用「我在想我們是不是可以考慮……」這樣的句式，代替直截了當的「讓我們試試看……」來表達自己的想法。甚至用「我在這個地方可能犯了錯，但……」，或者「這可能是一個愚蠢的想法，但是……」之類的說法，來給別人一個直接無視自己觀點的機會。

為了減少矛盾和摩擦，上述情況是被很多人認同避免爭端的說法，如果總是不斷地反復重複地陳述，而不是盡可能地直接擺出觀點。對方很可能對你採取否定態度。大多數的情況下，這都是因為人們考慮得太多，不願意直接說出自己的想法。其實過多的前提和修飾語會使真正有用的意見被埋沒——沒有人能夠在聽到10分鐘的廢話之後，還能準確的抓住第11分鐘的建議。

行事要低調

每個人心底都會或多或少去追求著利益和名譽，只是有的人不顯露出來，有的人顯露得比較明顯罷了。

人在社會中，會有著許多身分，每一種身分，都會有一些隨側觀察的人，從言談舉止間，觀察、評價他人的性格、為人。如果一個人肯努力、有成就，自然會有人欣賞他，但是在欣賞的另一面，也會有嫉妒他成就的人。**有了些微成就就喜歡高調地做人做事，必然會引起別人的反感。**

最聰明的人就是大智若愚、不露鋒芒的人。現實中確實很多有才幹的人，他們有能力、才學、有頭腦，能夠解決別人無法解決的問題，還能夠主動幫助別人、教導別人。但是這些人當中，有些人容易驕傲自滿自己的能力，總認為有難度的工作必須由自己親手去做才能做到完美、成功，從來不會去關注別人的想法。

別人跟他們一起工作，即使是工作內容完全相同，也會被他們視為配角，自大地認為地球沒有他們就不會轉動。古今中外，這樣的人數不勝數，但是他們最後的下場也是大多相同的——那就是被最先瞄準的出頭鳥。或許有人會說，難道一定要把自己埋藏起來嗎？當然不是，但一點點的謙虛不僅可以讓自己顯得低調一些，還能讓別人更容易接受自己，不會因為態度問題而產生爭鬥。

學會低調的為人處世，可以避免因為自大而招來不必要的禍端，分清什麼是自己的職責，什麼是不屬於自己的工作。對於屬於自己的責任要主動地承擔起任務，責無旁貸、盡心盡力地完成任務。但如果不是自己工作之內的事情，就不應該過度干涉。

有句話叫做「不在其位，不謀其政」就是這個意思。有時候，很可能事情的本質跟表面並不一樣，如果只看到一個表面就用一種看透一切

學會低調可以避免招來禍端

別以為我不知道
你在裝低調歐！

的姿態去干涉別人，這種情況不僅不會讓工作更順利進行，甚至反而會影響別人的發揮，使得本來勝券在握的工作變得一塌糊塗。即使自己是因為好意，也不會有同事會領情。就算是別人帶著誠意虛心請教，自己也不應該表現得過於高傲，要知道，驕傲永遠比謙遜更具有殺傷力。

　　其次，在名譽和利益的面前，儘量不要表現得太過熱衷，以避免被人排擠和妒忌。如果不是真正享受過徹底大富大貴的人，或許很難在金錢態度上達到一種聽之任之的態度。每個人心底都會或多或少地追求著利益和名譽，只是有的人不顯露出來，有的人顯露得比較明顯罷了。

　　許多人在看到過於追求金錢利益的人時，往往露出來的是一種輕蔑以及忽視。而且，如果過分追求利益，很可能會讓人在不屑的同時產生一種敵視態度，不利於自己的發展。收斂內心的想法，而在上司和同事面前盡少涉及金錢利益，可以讓他人留下一個較好的印象，對自己事業的發展很有好處的。

　　再者，是學會中庸，這裡所說的中庸是指為人的中庸。過於清高的思想，很可能會使得自己被別人所孤立，所以，保持一個不前不後的狀態，是一種最為明智的處世哲學。這種狀態的出發點就是一個詞，明哲保身。控制住自己思想上的欲望，不讓自己過於清高，也不讓自己過於低俗，能做到這種狀態的都是理智的人。不過分張揚自己的個性，也不過分的誇耀成績的人，是最能夠得到眾人擁護和發展機會的。

換位思考

在給別人提意見和建議的時候，如果能夠站在對方的立場上，從對方的角度設想，能更容易讓對方接受提議。

常常會發現這樣的情況，如果有人遭遇到了極大的不幸，那麼對於一般人的勸解，他們總是沒有辦法接受，但是如果是有著同樣遭遇的人來勸解自己，他們會因為對方有過相同的遭遇而接受開導。不僅僅是在給予別人安慰的時候，從對方的角度出發能夠取得更好的效果，就是在給別人提意見和建議的時候，如果能夠站在對方的立場上，從對方的角度來設想，也能更容易讓他人接受提議。

如何提出讓別人更容易接受的意見，是一門需要仔細研究的學問，很多時候，人們就是因為不會提意見，不注意研究提意見的方法，結果無意中得罪了他人，不接受自己的意見不說，一不小心還會落得個幸災樂禍、落井下石的罪名，無法達到最初的目的。

換位思考

想讓別人接受自己的意見、認真聽自己的話，這有一些技巧的。最重要的就是換位思考，也就是站在對方的角度上去思考事情，站在對方的角度去理解他的心情，然後站在對方的角度提出意見讓對方接受。在現實生活中，每個人都會遇到各種各樣的問題，碰到各種各樣煩心事，有著各種各樣的矛盾，這個時候不少人總是滿腹牢騷。

工作中也是如此，不順心的時候，和同事有紛爭的時候，往往會有一些過激的語言或行動。這時候如果能夠站到對方的立場上想一想，從對方的角度來思考同一件事情，然後想像對方真正需要的是什麼，再給出意見，而不是一味地用自己的經驗和心理來提出自認為正確的意見，並且強迫對方接受，這種情況，如果雙方都稍顯強勢的話，很明顯就會引起一場爭論，甚至是引發不愉快的事情。

曉之以理、動之以情

其次，說服他人接受自己的意見時，不僅要從對方的角度出發，在敘述的時候還要曉之以理動之以情。很多研究清楚地證明：向別人提意見和建議的時候，嚴密的邏輯是必備的，動之以情也是不可缺少的。**如果不能夠喚起對方的共鳴，不管意見看似多麼合理、完善，也都白搭。**一定程度上來說，不能動之以情，就沒法曉之以理。

大部分的人做出某個決定是以情感為基礎，只有主觀上認同了這個決定後，才會再去尋找合理的邏輯加以證明，以說明自己的決定和行為是正確、合乎實際的。所以，如果提出的意見只用嚴格的邏輯和大道理去解釋，那麼說服對方、使對方接受的可能性就不會很大。

不能傷害對方的自尊心

第三是提出意見的時候，不要引起對方的反感。這裡有幾個方面，一個是不能傷害對方的自尊心。每個人都有自尊心，希望被人所尊重。**如果某個建議在提出的時候，措辭傷害到了對方的自尊心，那麼這個建議不管有多好，都可能被拒絕，這是人們自尊心作祟的結果。**

不能強迫對方

人都不喜歡被支配，在做決定的時候，也希望是自己拿主意，而不是被對方牽著鼻子走。在提出建議的時候，設法使對方相信那是出自對方的想法，或者是受到對方啟發的想法，對方很可能就更容易接受。在這一點上，告訴對方提出的這個新建議，和對方為人處世的一貫套路是一致的，那麼很可能對方就會因為跟自己有關而接受。

可以說，在勸說別人接受自己的想法和建議的時候，先讓對方在心理上採取接納的態度，而且對於提出者的想法產生共鳴，就在成功說服對方的路上，邁出了極大的一步。

想想看如果你是對方，要如何才能說服自己？

用事實證明

人們更願意相信事實勝於雄辯，事實會確認真假。

在「事實勝於雄辯」這一點上，人們需要表達的就是眼睛看到的，更要比耳朵聽到的可信。許多時候，看到的要比聽到的更讓人確信。而一旦產生誤解，更多的解釋也是徒勞，人們更願意相信，如果是真的，那麼事實會證明是真的；如果是假的，那麼事實就會證明是假的，再多的話語。在事實的面前，都是蒼白。

在被誤解的時候，許多人都會第一時間就為自己辯解，這種情況很大程度會造成更大的反彈，因為一旦被認定有罪，那麼再多的話語也不過是在撒謊，有罪的永遠不能靠嘴說成無罪。於是有些人在被誤解時，第一反應並不是辯解，而是選擇沉默。他們不會大聲嚷嚷為自己辯解，而是鎮定地告訴別人，自己受到誤解。也因為這種鎮定自若，使得他人對他能給予更多的信任，會花費更多的力氣去調查事實。

這種不在第一時間進行辯解的行為，在很多地方都可以用到，比如朋友親人之間的爭吵。很多時候，辯解並不能夠緩解矛盾，更多的情況可能是激化矛盾，讓事情難以往好的一面發展。沉寂一段時間，等到事實大白之後，再慢慢讓對方瞭解，然後對自己的沉默進行適當的道歉，這是一種處理矛盾的最佳方法，不管是對於被誤解的一方，還是誤解人的一方，都保留了彼此尊嚴和情誼。

但是，在更多的時候，保持沉默並不是所有事情的解決辦法，被誤解的一方需要做更多的事情來擺脫自己的嫌疑。

在這種時候，應該認識到，當辯解沒有絲毫用處，但是沉默也不能帶來自己嫌疑的解脫，這時毫無保留地告知對方所有的資訊，是在向對方交代兩個訊息：一、我已經將知道的說了出來，二、我是被誤解的。

再多的話語在事實的面前都是蒼白

少囉嗦！有證據就
拿出來，不要一直
說廢話！

　　但是，這種資訊的毫無保留，並不是說需要將自己的全部隱私也都完整交代，這種資訊的毫無保留，指的是關於自己所知道的有關事件的所有資訊，而不能為了急於擺脫自己的嫌疑而進行資訊的編纂。

　　虛假的資訊雖然有可能短暫地獲得信任，但是在這種信任背後，很有可能使得案件沒有辦法獲得最後的真相，而且最後危害到的只能是資訊提供者。

　　這是由於人與人的交流中，告知對方的資訊並不足以引起對方足夠的信任，甚至有可能會讓人覺得是在炫耀。這種會在生活中表現共用一切資訊的人，大多頭腦簡單，並不能確切地分析出自己所在的環境，甚至也有可能某些人，是利用這種告知有限資訊的方式，意圖危害他人。這種人很大程度上有著強烈的嫉妒心，但是自身卻沒有什麼能力，只能靠搬弄是非來打擊別人。

　　不管是不在第一時間進行辯解，還是毫無保留地提供自己知道的資訊，都是在秉承著一種用事實說話的為人處世態度。

　　能做到這一點的人，大多是光明磊落的人，而且對於這個社會和法律道德準則有著很深的信仰，為人正直且富有同情心，處世沉穩且遇事不慌。這種人的鎮定使得他們能夠成為身邊人的主心骨，在任何時候都能夠發揮穩定軍心的作用。

建立良好的第一印象

面試如何幫自己加分？

許多企業的人資看的不是應聘者的著裝或容貌，在意的是很多人會忽略的細節，比如皮鞋、指甲是否乾淨，妝容是否太過濃烈等。

　　生活中，需要極其注意自己形象的場合並不是很多，而面試就是其中一個相當重要的情況。而面試的內容不僅僅是新人職業素養，還有新人的職業道德和心理素質，即使是在一個小小的企業中，面試也是極為重要的——它決定了一個人能否得到自己想要的職位和機會。這對於一個人的發展來說，可以稱為一個很重要的轉捩點。

接到面試通知先確認基本資訊

　　一定要問清楚應聘的公司名稱、職位、面試地點、時間等資訊，如果對面試地點比較陌生，還應該問清楚乘車或開車的路線。同時應該順便問一下面試人的姓名和職位等資訊。最後，在禮貌上進行感謝。有許多的企業都是由人資部門進行統一的面試，所以如果因為基本資訊的失誤錯過了面試的機會，未免有些可惜。

　　在瞭解面試的各種基本資訊之後，可以上網查詢一下面試公司的相關背景和應聘職位的相關情況。對公司的背景資訊瞭解得越是全面、越是深入，則面試成功率就越高。而且，這些資訊也有助於應聘者對於招聘企業的判斷。之後，應該繼續瞭解應聘職位的情況，包括應聘的職位名稱、工作內容和任職要求等。相對來說，這一點更為重要，因為對於同一個職位，各家企業的要求不盡相同，瞭解得越詳細，越能判斷自己對於該職位的適應性，也能增強面試的針對性。

學習一些實用的面試技巧

　　包括最基礎的自我介紹、如何盡可能展現自己的優勢和實力，還有如何準確地回答面試官提出的問題。自我介紹可以參考一些成功者的意

面試如何幫自己加分？

面試前一定要做好功課喔，包括對方和自己的基本資料，還有左邊所提到的重點！

記住！服裝整潔，一定要守時，頭髮整理好……

見，提前做好自我介紹的準備；而如何展現自我優勢和實力，則應該在自我介紹中簡潔地表現出來，這可以從自我介紹時的措辭和內容選擇。然後在回答面試官提出的問題時，應聘者可以事先準備一些常見的面試問題的答案，比如說為什麼離開上一個公司，為什麼選擇我們公司，對於行業前景的看法，以及自我職涯規劃等問題，都是一些大型企業經常會問到的。

　　如果遇到不會回答的問題，也不應該支支吾吾亂答一通，而是告訴面試官，這個問題自己並沒有過多的考慮，如果有必要，自己可以儘快蒐集資料和資料，提出解決方案。

準備一套符合所應聘職位身分的衣服

　　沒有其他過多的要求，只要符合自己的身分和所應聘的職位就可以了。但要注意的是許多企業的人力資源專員在觀察面試者的時候，首先看的並不是應聘者著裝是否漂亮或應聘者的容貌，他們在意的是很多人都會忽視的細節，比如皮鞋、指甲是否乾淨，妝容是否太過豔麗，香水是否太過濃郁等等。

千萬不要遲到

　　這一點似乎每個人都知道很重要，但卻不是每一個應聘者都能夠做到。守時這個素質在當今社會顯得尤為重要，所以應聘者一定要準確地

估算路途的交通時間，必須要留出足夠富裕時間，甚至是將堵車的情況也考慮進去，絕對不要遲到。

但是當然也沒有必要太早到達，因為企業招聘方也有自己的工作，太早到達可能會影響到他們的安排。能夠比約定時間提前5到10分鐘進場就可以了。如果確實因堵車等特殊原因不能準時到達，也一定要以電話說明情況，得到對方的諒解。

一定要充滿自信

要在最短時間內，給面試官留下一個良好的印象（這一點在其他章節中已經有了闡述）。心態上要平和，讓人感到你既有才幹又敬業厚道，這樣面試就基本成功了。在面試中還有一些小細節也需要注意，比如關掉手機、不要翹腿等，讓人感受到你對這次面試的重視，否則很容易被對方拒絕。

另外，即使在綜合考慮了各種因素後，認為自己不適合或不值得去面試也可以放棄，但是一定要告知企業自己的決定，這是職業素質的基本要求。

10

環境心理學

　　會面的形式有兩種：白宮式的會面以及大衛營式的會面。白宮是美國總統辦公的地方，代表的是正式的協議及權力的展現；而大衛營是總統休息的場所，因此代表的是非正式的溝通與放鬆的態度。

　　環境的影響力，不僅僅發生在政治會談，商業會面也會因環境而引發不同的情緒，進而導致不同的結果。因此在選擇環境之前，要想清楚主要目的是什麼，如果是普通的會面，想讓大家放鬆地暢談自己的想法，那麼選擇大衛營式的環境，比如俱樂部或咖啡廳是一個比較好的選擇。但如果需要做出重大的決定，就需要有一個白宮式的環境，比如正式的主管辦公室或正式的會議室。

環
境
與
心
理
的
關
係

環境資訊

不管是政治談判還是商業會談，會議場所中的細節，都可以讓人看出安排會面的主人是否負責任，進而調整彼此溝通的可信度與誠意。

　　世上有兩種形式的會面：一種是白宮式的會面，一種是大衛營式的會面。白宮是總統辦公的地方，因此白宮式的會面代表的就是正式的協議、權力、特權和理解。而大衛營是總統休息的場所，因此大衛營式的會面代表的就是隱私、親密和休息。這兩種形式的會面都是很常見的，世界上許多重大的政治決策、政策突破和外交斡旋卻都是在大衛營式的會面中達成。

　　這是因為當人處於一個輕鬆、愜意的環境中時，他會顯得更加信任對方，也更容易用一種溫和的態度進行商談，而減少衝突的另一面就是達成更多的協定。

　　環境對於一個人情緒的影響力，不僅僅只是運用在以上所述的政治會談，在商業的會面中，也經常會因為環境而引發不同的情緒，導致不同的結果。在選擇商業會面的環境之前，首先要想清楚的是，這次商業會面的主要目的是什麼，如果只是一次普通的會面，想要讓大家放鬆地暢談自己的想法，遠離太大的壓力和死板的禁錮，那麼一個大衛營式的環境，比如一家俱樂部，或者一個咖啡廳，都會是一個比較好的選擇。但是如果是需要做出一個重大的決定，需要有一個嚴肅而莊重的氣氛來督促人們，不掉以輕心，那麼一個白宮式的會面環境，比如正式的會議廳，或者裝飾隆重的場所，都是可以選擇的。

　　不管是白宮式嚴肅的場合，還是大衛營式輕鬆的場合，會議的場合務必要乾淨整潔，其中物品擺放最好是有秩序而且必要的，設備、資料等齊全且正確。因為不管是在政治談判還是商業會談中，會面場所中的一些細節，可以讓人看出安排會面的人是否負責且具有可信度。比如說

白宮式會面代表的就是正式協議

一個公司的經理要與客戶商業會談，那麼不管如何，在客戶進入會議室開會之前，一定要花些時間檢查會議環境是否合適。這包括會議室的地面、桌椅是否乾淨、桌子上擺放的資料是否齊全、擺放是否整齊，以及**上次會議所留下的雜物等是否已經被清理**，還有會議的一些裝飾品，如花、盆栽等是否擺放合宜等問題。只有確保了這些，才能保證商業會談的順利進行，而且給對方留下負責而可信的印象，保證不會因為疏忽而丟失客戶。

而且，會面的環境還不僅僅是指氣氛和物品的擺放，還有在會面進行時所發生的一些情況。不管在什麼時候，在開始一次會議之前，很多與會者都會自覺地將手機調成靜音，而且儘量遠離桌面，這也是一種創造良好會議環境的辦法。

另外還有一個值得注意的地方，是會面場所的窗戶。現代社會很強調一種透明，有許多人就認為將會面場所公開化會提升與會者的工作效率。而實際上，**由於每個人的心理都有著一種隱私意識，對於過度開放的環境，反而會產生一種不安全感**。

因此會議場所的窗戶如果是透明的，讓來往的人能一眼看到會議場所內的情景，會大大打擾到與會者的心情，也會影響工作效率。這就好比要在公眾場合談論自己的隱私秘密一樣，會讓人產生一種曝光於大眾面前的無力感。因此，適度的公開可以督促人工作的效率，但是過度公開，很可能就是一種環境範圍內的隱私傷害了。

主持會議的重點

每一場發表與演說都是一次觀點和思維的交鋒，是陳述者和傾聽者的思維戰爭。自己和他人的期待都應該成為陳述的動力，為成功加分。

　　語言除了正常與人交流之外，還有一個很大的作用，那就是用作個人發表。這個個人發表並不是指申請大學時所要提交的資料，而是指一個人用特有的方式將自己的觀點和想法傳達給其他人的過程，例如演講以及會議發言等。

　　一場成功的企業會議，免不了各種大大小小的成功的個人發表，每個人都可以透過個人發表陳述自己的觀點和意見。在這裡，個人陳述不僅僅是通過語言就可以取得成功的，它還要求一個人善於運用非語言的智慧，來獲取聽眾的注意力，引起聽眾的共鳴。

　　對於有些不善於在公眾面前發言的人來說，一次個人陳述似乎跟經歷一場生死之搏一樣難以度過，但是對於一些習慣了演講的人來說，個人陳述就好比吃飯一樣簡單。

　　但能面對眾人無所畏懼的發表並不是天生的，害怕演講的人，大多是由於極少面對公眾，或者是沒有做好充分的準備，這些人多半是因為內向或對自己沒有信心。

　　其實，一次個人陳述，就是一次觀點和思維的交鋒，是陳述者和傾聽者的思維戰爭，自己和他人的期待都應該能夠成為陳述內容的動力，為成功加分。

　　個人陳述的能力是可以培養的，沒有天生就擅長演講的人，更沒有天生就害怕演講的人，只要能夠掌握一些演講的技巧，多做練習，像演講這樣的個人陳述絕對不再是一個不可逾越的難題。

　　首先，絕對要做好準備。這裡包括演講稿的準備，以及演講器材的

準備。演講稿的準備自然不用說，必須符合演講的主題和聽眾的身分，而且要避免粗俗、不當的用詞，以理論事例相結合為宜，一味的理論會顯得乏味，一味的事例則會顯得蒼白，所以，內容上的合理安排是演講準備的一個重要步驟。

另外，演講所要準備的器材也應該齊全。現在許多演講都會需要準備很多器材，比如電腦和投影機。如果要用到這些設備，在演講開始之前，一定要先進行測試，以確保發表或演講的過程中間不會出現設備故障的突發狀況。

在發表前，**準備好充足的資料**，以應對隨時可能出現的變化。如果需要進行一次個人演講時，要更加的用心。每一次演講之前，可以預先排演，對著鏡子或者親友來彩排，對著鏡子可以揣摩內容和表情、動作的一致性，使演講流暢且富有感染力。

即使是身經百戰的演說家，遇到一些比較大型的演講時也還是會緊張，這個時候可以大方地告訴台下觀眾，你很緊張，尤其是當台下坐著熟人的時候。說完之後，可以向朋友尋求一些回饋，然後讓自己忘掉緊張的感覺，當作是和朋友私下聊天。

其次，要懂得善用空間。這裡的空間就是指進行演說的場所範圍、演講者所在之處以及與聽眾間的距離等等。

如果是一次個人的陳述場所，那麼陳述者必定是處在聽眾注意力最容易匯集的地方，比如會議的主辦者也多半坐在會議桌的最前方，因為該處正是最容易匯集出席者注意力的地方。反之，如果說話的人位於會議桌的正中央，那會議的進行會變成什麼情況呢？這樣的情況，恐怕會使與會者注意力散漫，且有會議冗長不休的感覺。

不要緊張，一緊張說話就會快，說太快就會和聽眾造成隔閡！

因此讓自己位於聽眾注意力容易匯集之處，不但能夠提升聽眾對演講的關注，甚至具有增強演說者信賴度和權威感的效果。

　　再者，注意姿勢。個人陳述時，姿勢也會帶給聽眾某種印象，例如站姿就可能會給人堂堂正正或畏畏縮縮的印象，而是否懂得在空間內走動就會給人靈活與否的印象。

　　雖然個人的性格與平日的習慣對一個人的姿勢有著極大的影響，不過一般來說，演講的姿勢還是有可以取巧的地方――有一些姿勢是普遍能讓人接受的，也就是所謂「輕鬆的姿勢」：雙腳與肩同寬站立，穩固整個身軀，此外還可以手觸桌邊、或者手握麥克風等等。而且如果演說現場條件允許的話，可以稍微走動一下，除了可以調整聽眾的專注度與目光之外，也能避免給人留下太過死板的印象。

　　還有是個人陳述時的視線。在公開做個人陳述時，很多人沒有辦法自然的原因，就是陳述者必須忍受眾目睽睽的注視。而且，並不是每位聽眾都會對陳述者報以善意的眼光。尤其是走到麥克風旁邊，將自己完整地展示在公眾面前的那一瞬間，來自聽眾的各種視線有時甚至會讓人有沉重的壓力。

　　對此，建議大家可以漠視聽眾的眼光，避開聽眾的視線來進行自己的演說；也可以一面進行演講，一面從聽眾當中找尋對自己投以善意且溫柔眼光的人。此外，把自己的視線投向強烈「點頭」以表示贊同自己觀點的人，來增加演說的感染力很有效果。

　　還需要注意的是陳述者的服飾和髮型。服裝也是讓觀眾形成印象的一個途徑。東方男性在演說時，總是喜歡穿色彩深沉的西裝，以示自己的沉穩，但是卻難免給人過於刻板無趣的印象。

　　在一些輕鬆的場合不妨穿著稍微花俏一點的服裝來進行陳述，但是也不宜太過，否則容易給人輕佻的印象。不過如果是正式的場合，仍是以深色系列的正裝為宜。而且，髮型也可塑造出各種形象來，可以根據

演講前要避免抽菸

演講前還要避免抽菸，以及吃口味太重的食物，因為狹小的空間，異味很容易擴散！

自己要塑造的形象選擇髮型。所以，注意自己的外形，也有可能增加演說的成功度。

還有一個，是陳述者的聲音和腔調。一個人的聲音和腔調是與生俱來的，不可能一朝一夕就有所改善，但是音質和措詞對於整個陳述的影響是毋庸置疑的。根據某項研究報告指出，**聲音低沉的男性比起聲音高亢的男性，其信賴度較高**。因為聲音低沉會讓人有種威嚴沉著的感覺，更容易贏得聽眾的好感。

另外，說話的速度也是陳述時的一個重要要素。不同的氣氛，不同的演說內容，要求的演講說話的速度也是截然不同的。而且，在整個演說中，還要注意語調的抑揚頓挫和語速的**快慢變化**，否則，你的陳述很容易會變成聽眾的催眠曲。

工作環境與心理

辦公桌的擺設

辦公桌不僅是反映了主人的特質，還反映了這個人的態度。如果想看透同事的心，那麼觀察辦公桌是最好的辦法之一。

　　一張辦公桌如同一本書，主人擁有著什麼樣的性格，他的辦公桌上面的擺設就有著與之相應的擺設，而且辦公桌不僅是反映了一個人的特質，還反映了這個人對待生活的態度。如果想看透同事的心，那麼觀察同事的辦公桌擺設是最好的辦法之一。

　　有一種人，無論是桌面上還是抽屜裡，所有的檔案都按照一定的次序和規則放好，整齊且又乾淨，這一類型的員工工作是很有條理性的，心思細膩而謹慎。他們的組織能力也很強，辦事效率也比較高，而且這種人大多具有很強的責任感，凡事都會盡力盡責，不會害怕承擔責任，做事態度相當認真。但這樣的人雖然可以把分內工作做得很好，但也較墨守成規、缺乏冒險精神，發生出乎意料之外的事情常常會令他們感到不知所措，所以他們一般不會有什麼開拓和創新之舉。

　　辦公桌表面有些微的凌亂，但是內部整潔的人，通常有著很高的工作效率，是個很出色的員工。他們做事有比較清晰的條理，不會太過拘束與固守成規，但是也不會有什麼出格的舉動。不過他們適應力較差，對於突如其來的變故常常應接不暇、手忙腳亂，有時候會在突發情況下亂了陣腳，導致錯誤發生。

　　而與之相反，辦公桌的桌面上收拾得很乾淨、整潔，但抽屜內卻亂七八糟，主人一般來說是頭腦聰慧的人，但是雖然有足夠的智慧，卻往往不能腳踏實地地做事，而且喜歡耍一些小聰明、做表面文章，難以受到重用。他們性格大多比較散漫、懶惰，為人處世並不是十分可靠。表面上看來，這些人都有著不錯的人際關係，似乎朋友很多，但實際上沒有幾個人可以跟他們真正交心，他們的內心總是處於孤獨的狀態。

辦公桌直接展現了主人的性格

　　還有人的辦公桌上總是堆滿了各種的檔案與資料，而且通常會這裡放一點，哪裡放一點，也不分類，更不會分輕重緩急。這樣的人做起事來也是沒有條理、沒有頭緒的，而且容易虎頭蛇尾，不能堅持。他們的注意力隨時都會被一些無關緊要的事情分散，無法集中在工作上，自然也很少有這樣的人能夠取得優異的成績。

　　他們也喜歡追求簡單的生活，不願意未來規劃得太死板，而且他們總是擁有一種積極樂觀的生活態度。有些不足的是，他們有些時候會太過於隨便、不拘小節，對於結果不管不顧、馬馬虎虎、得過且過。

　　習慣在辦公桌裡放現金的人，通常會對任何事情都要產生懷疑。他們缺乏安全感，對金錢有著極大的依賴性，時刻害怕沒有錢而讓自己處於不利的地位，為了到哪裡都有錢用，所以辦公桌裡一定會放一點錢，以防萬一。這樣的人在做事的時候也會未雨綢繆，但是過於謹慎的後果就是有些畏首畏尾，失去了許多成功的機會。

　　另外，辦公桌裡會存放紀念品的人往往性格內向，不善於與外人打交道，也不願同外人有過多的接觸，經常獨來獨往，所以朋友不多，但與老朋友的聯繫得較為密切。其實他們是很重感情的人，一旦是放在心上的人，他們總是會十分的珍惜。這樣的人很多都有一些懷舊情結，總是希望珍藏一些美好的回憶，並靠著這些回憶調劑生活和排遣孤獨。他們通常比較脆弱，容易受到傷害，而且做事也缺少足夠的毅力，無法面對困難，承擔起責任。

環境會影響性格

性格的好壞是不會遺傳的，完全是生長環境不同造成的結果，因此透過環境來觀測性格，是準確把握他人心理的一個重要技能。

有的人家裡窗明几淨、一塵不染，所有的東西都擺在恰到好處的位置。走進這樣的屋子，第一感覺就是覺得手腳沒有地方放。創造這樣的環境的人，看來是有潔癖的，不能容忍一點的髒亂。而且，這樣的房子實際上也是代表著一種孤傲、甚至是一種拒絕。讓他人身處這樣的環境時感到拘束和不自然，甚至是產生一種壓抑。

這個環境的主人往往是個比較刻板的人，在他們看來，所有的事情都必須按照規矩來，當別人犯了錯誤時，他會毫不留情地指正出來。這種人大多也是完美主義者，追求完美似乎是他與生俱來的本能，而且沒有絕對把握的事情，他們都不會去做。

實質上，這也是一種對自己缺乏信心的表現，他們不敢把自己置於未知，因為害怕自己無法面對突發的情況。同一件事，他們也總是覺得自己處理得不夠好，經常反反復複做上好幾遍才能夠覺得滿意。就像他們在家裡打掃的時候，也總是要一遍一遍地擦桌掃地，卻仍然覺得不夠乾淨。

這樣的人很容易產生一種心理上的偏執，因為他總是處於焦慮的狀態，非常敏感，可能會對他人的一些話語產生過度的反應，不利於他們的人際關係。事實上，**有著潔癖的人，在人際關係的維持上確實有著一定的困難。**

有的人家裡也是比較乾淨，東西擺放比較合理，但是卻沒有到可以用玻璃倒影出人影的地步。客人進門的時候也不需要太過擔心，置身於這樣的環境，會有很舒服的感覺，可以大大方方地走進房內，踏踏實實地坐下來，不用擔心自己會一不小心弄髒什麼，更不用擔心主人責怪挑

環境對人的影響是絕對性的

剔的眼神。擁有這樣的家居環境的人，有著一種平民的心態，不管他的職位高低、財富多少，在對待親戚和朋友的態度上，都會有著一副熱心腸，不勢力，也不貪財。

這種人的性格，一般都是處事隨和，容易和朋友們打成一片，人際關係很不錯，而且他們為人公正，不會在背地裡搞陰謀詭計，性格也很直爽，對於朋友遇到的問題能夠直接指出，並提出切實可行的合理化建議，不會讓朋友感覺尷尬和難堪。

但是這種人有時也有不同的一面：在陌生的場合，他是一個沉默寡言的人，似乎不善言辭。他們在熟人面前，非常健談，說話幽默風趣；在交際場合，如果不需要他講話，他會默默地把別人講話的精華部分記在心裡，給予講話者足夠的尊重，如果需要他講話，他也可以講個滿堂彩。

當然，也有一些是不愛乾淨，生活環境過於邋遢的人。這種人給人們留下的印象大多是負面。這類人通常過於固執，不懂得聽取意見，遇事不理性，容易鑽牛角尖，而且心胸狹隘，不能容人，對小事也經常斤斤計較，對於公益事業和公共事務更是漠不關心，為人自私等。

除了生活環境的整體性能體現一個人的性格，還有一些具體的環境能讓人更進一步地瞭解到主人的性格。

在一個家庭裡，書房裡排列的圖書能夠讓人能夠瞭解主人的愛好和興趣，但是最能體現主人性格的地方，卻是臥室。因為書房不一定每一個家庭都有，但是臥室確實每一個家庭都有的。

　　臥室是一個人在家中停留時間最長的地方，也是一個私密的地方。在去到別人家中做客的時候，主人會熱情地向客人介紹明亮的書房、寬敞的客廳、整潔的廚房，甚至是別出心裁的浴室等地方，但在卻很少有人會很詳細介紹臥室，即使是提起，也只是極迅速地帶過。因為臥室的私密性，成為最能夠反應一個人性格特徵的環境。

　　有的人喜歡在自己的臥室裡張貼人物畫像。一般情況下，由於臥室的私密性，很少有人會願意在自己的臥室裡貼「外人」的圖像，但有的人卻把自己喜歡的明星海報貼在臥室的牆上，甚至是貼在床頭。這從某個角度上來說，證明臥室的主人是比較狂熱的追星族，並且把對明星人物的崇拜完全融入了自己的生活。

　　這樣的人通常是缺乏自信的，也不太在意現實身邊的人和事。因為想要逃避現實，所以反而對那些虛無縹緲的人和事很感興趣，為了那遙遠而不現實的偶像，他甚至可以放棄自己眼前的幸福。這種人在心理上是不成熟的，很容易做出一些極端的事情。

　　有的人對臥室的裝飾要求很低，甚至低到沒有任何多餘的東西，不添加任何其餘的傢俱，只在房間放置一張最簡單可供休息的床。這種臥室的主人是自制能力非常強的人，有著很強的理性思維，遇到困難沉著冷靜，不會產生太大的情緒波動。

　　簡單的房間也象徵著他們內心的單純，就像臥室裡雪白的牆壁和沒有過多雜物的空間；講究秩序也是他們的一個特點，做事情的時候條理分明，是持家守業的好手。

　　還有的人喜歡把自己的臥室裝飾的像五星級旅店的客房，從地板到牆壁，再到各種用具，都顯得豪華而高雅，但是卻極沒有個性。喜歡這樣裝飾臥室的人，個性中通常帶有著一些喜歡炫耀的成分，想讓別人覺

得自己品味高雅。實質上這種人是比較普通的人，他們沒有創新意識，小心翼翼地經營著自己的生活，不肯越雷池一步。

　　在工作中，他們熱衷於按照主管的吩咐去做好每一件事，但是卻不敢承擔過多的責任，只希望自己負責做事而不承擔責任。因此，他是個好的執行者，卻做不了領導者。這樣的人，很可能會在別人面前故作高雅，別人對他的印象可能只有兩種：一種是反感至極，認為他們很庸俗；另一種是被他們的奢華嚇到，害怕與他們過多的交往。總之，這種人可能如同他們的臥室一樣，讓人只敢遠觀而不敢靠近。

物理距離與心理距離

座位安排的豐富學問

座位的物理距離可以反映出人們的心理距離。距離的大小，可以直接表示雙方在主觀上的心理距離，判斷出彼此的關係。

座位的重要性，是任何人都不應該忽視的。在正常的人際交往中，坐什麼座位、怎樣坐，都反映了人的深層心理。

坐什麼位置，會直接反映出社會、集團傳統的上、下席或優、劣勢的意識，就算是現在，拘泥於形式的聚會或長者多的聚會上，誰坐什麼位置都是很重要的，甚至一度會引起與會者之間不必要的相互推讓或爭執。

然後，是所有人都有在自己的周圍保持專用空間的心理，這也是座位重要性的一個體現。如果一個人被別人侵犯了自己的空間，就會感到相當不悅，而且會產生不安。這個空間被稱為「身體領域」。通常，人們在落座的時候，是應該保持這種互不侵犯的範圍，也因此通過對人與人落座的相對位置進行標記、分析，就能夠畫出一張人際關係的「地形圖」來。

首先，座位的物理距離可以反映出人們之間的心理距離。這種距離的大小，可以直接表示雙方在主觀上的心理距離，判斷出彼此的關係，也可以看出一個人想侵犯對方的身體領域的程度，然後從中判斷出他的一些想法，瞭解他想幹什麼。在與人交往的過程中，如果不是非常有必要的話，最好是遠離這種容易引起誤會的落座方式。

其次是座位的方向，這裡面隱含了很深的意味。兩個人面對面的落座和同一側時所表現的心理狀態就不同。面對面坐著就表示出了一種距離感，兩個人也會顯得有些不自然，因此通常兩人之間會有一張桌子或其他的障礙物，這能使得他們感覺比較舒服，但是卻不利於雙方的心理交流。

有效主導會議的座位安排

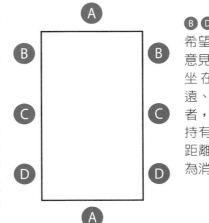

A：距離門口較遠的是領導者或議長的座位，欲掌握主導權時可選擇此位置。

C：距離門口較遠處為重視人際關係的領導者或議長的座位，若議長已選擇 **A** 座位時，**C** 便為副領導的位置。

B D：可安排自己希望能自由發表的意見者坐於此處。坐在距離門口較遠、離領導者較近者，通常與領導者持有相同意見；而距離門口較近者多為消極與會者。

　　而坐在旁側的時候，就沒有這樣的限制，親密的人會並肩而坐，彼此朝著同一個方向，注視相同的物件，在這種情況下，很容易產生某種連帶感。

　　因此，談判的時候，採用面對面的坐姿，雙方都處於可以觀察對方的最佳位置上，很容易產生視線衝突，產生一種對峙的感覺，較不利於談判進行，還妨礙人們進行心理的交流，因為雙方之間的障礙物會讓彼此顯得異常生分和疏離。

　　座位的學問其實並不是特別的複雜，說難也不難，當兩個人的座位之間成直角的時候，是最能激發彼此工作動力的。

　　而當兩個人面對面坐著的時候，是雙方工作效率降低甚至是降到最低的一個重要原因。所以，當人們並排坐在一起，或者是座位之間達成一定的角度時，工作效率就會相應地提高很多。

　　所以，你可以通過他們在相處時所坐的方向來推測別人的心理活動和與之相關的資訊，這樣你若想採取什麼行動就有了合適的對策。

Note

十力文化《國家考試系列

《圖解法學緒論》

法學緒論難讀易混淆
圖例解析一次就看懂

　　法學緒論難以拿高分最大的問題在於範圍太廣，憲法、行政法、民法、刑法這四科，就讓人望而生畏、頭暈目眩了。筆者將多年分析的資料整理起來，將歷年菁華考題與解析集結成冊，讓讀者能隨時獲得最新的考題資訊。

《圖解行政法》

行政法體系龐雜包羅萬象
圖解行政法一本融會貫通

　　本書以考試實務為出發點，以理解行政法的概念為目標。輔以淺顯易懂的解說與一看就懂的圖解，再加上耳熟能詳的實例解說，讓你一次看懂法條間的細微差異。使你實力加分，降低考試運氣的比重，那麼考上的機會就更高了。

《圖解憲法》

憲法理論綿密複雜難懂
圖例解題讓你即學即用

　　反省傳統教科書與考試用書的缺點，將近年重要的憲法考題彙整，找出考試趨勢，再循著這條趨勢的脈絡，參酌憲法的基本架構，堆疊出最適合學習的憲法大綱，透過網路建置一套完整的資料增補平台，成為全面性的數位學習工具。

最深入淺出的國考用書

《圖解民法》

民法千百條難記易混淆
分類圖解後馬上全記牢

　　本書以考試實務為出發點，由時間的安排、準備，到民法的體系與記憶技巧。並輔以淺顯易懂的解說與一看就懂的圖解，再加上耳熟能詳的實例解說，讓你一次看懂法條間的細微差異。

《圖解刑法》

誰說刑法難讀不易瞭解？
圖解刑法讓你一看就懂！

　　本書以圖像式的閱讀，有趣的經典實際案例，配合輕鬆易懂的解說，以及近年來的國家考試題目，讓讀者可將刑法的基本觀念印入腦海中。還可以強化個人學習的效率，抓準出題的方向。

《圖解刑事訴訟法》

刑事訴訟法程序易混淆
圖解案例讓你一次就懂

　　競爭激烈的國家考試，每一分都很重要，不但要拼運氣，更要拼實力。如果你是刑事訴訟法的入門學習者，本書的圖像式記憶，將可有效且快速地提高你的實力，考上的機率也就更高了。

《圖解國文》

典籍一把抓、作文隨手寫
輕鬆掌握國考方向與概念

　　國文，是一切國家考試的基礎。習慣文言文的用語與用法，對題目迎刃而解的機率會提高很多，本書整理了古文名篇，以插圖方式生動地加深讀者印象，熟讀本書可讓你快速地掌握考試重點。

國家圖書館出版品預行編目(CIP)資料

圖解 行為學與讀心術 嘴巴說不要 身體很誠實
十力文化 / 冠誠 編著 -- 初版.
台北市：十力文化，2022.10
ISBN 978-626-96110-7-2（平裝）
1. 行為心理學 2.肢體語言 3.讀心術
176.8   111016130

圖解 行為學與讀心術
嘴巴說不要 身體很誠實

作　　　者　十力文化 / 冠誠 編著

責任編輯　吳玉雯
美術編輯　劉映辰
內頁插圖　劉鑫鋒
封面設計　林子雁

出 版 者　十力文化出版有限公司
發 行 人　劉叔宙
公司地址　116 台北市文山區萬隆街 45-2 號
通訊地址　11699 台北郵政 93-357 信箱
電　　話　02-2935-2758
網　　址　www.omnibooks.com.tw
電子郵件　omnibooks.co@gmail.com
統一編號　28164046
劃撥帳號　50073947

I S B N　978-626-96110-7-2
出版日期　2022年 10月
版　　次　第一版第一刷
書　　號　D2208
定　　價　420 元

地址：

姓名：

正　貼
郵　票

十力文化出版有限公司　企劃部收

地址：台北郵政 93-357 號信箱

傳真：（02）2935-2758

E-mail：omnibooks.co@gmail.com

讀 者 回 函

　　無論你是誰，都感謝你購買本公司的書籍，如果你能再提供一點點資料和建議，我們不但可以做得更好，而且也不會忘記你的寶貴想法喲！

姓名／　　　　　　　　　　性別／□女□男　　生日／　　　年　　　月　　　日
聯絡地址／　　　　　　　　　　　　　　　連絡電話／
電子郵件／

職業／□學生　　　　□教師　　　　□內勤職員　　□家庭主婦　　□家庭主夫
　　　□在家上班族　□企業主管　　□負責人　　　□服務業　　　□製造業
　　　□醫療護理　　□軍警　　　　□資訊業　　　□業務銷售　　□以上皆是
　　　□以上皆非　　□請你猜猜看
　　　□其他：

你為何知道這本書以及它是如何到你手上的？
　　　請先填書名：
　　　□逛書店看到　□廣播有介紹　　□聽到別人說　　□書店海報推薦
　　　□出版社推銷　□網路書店有打折　□專程去買的　　□朋友送的　　□撿到的

你為什麼買這本書？
　　　□超便宜　　　□贈品很不錯　　□我是有為青年　□我熱愛知識　□內容好感人
　　　□作者我認識　□我家就是圖書館　□以上皆是　　　□以上皆非
　　　其他好理由：

哪類書籍你買的機率最高？
　　　□哲學　　　　□心理學　　　□語言學　　　□分類學　　　□行為學
　　　□宗教　　　　□法律　　　　□人際關係　　□自我成長　　□靈修
　　　□型態學　　　□大眾文學　　□小眾文學　　□財務管理　　□求職
　　　□計量分析　　□資訊　　　　□流行雜誌　　□運動　　　　□原住民
　　　□散文　　　　□政府公報　　□名人傳記　　□奇聞逸事　　□把哥把妹
　　　□醫療保健　　□標本製作　　□小動物飼養　□和賺錢有關　□和花錢有關
　　　□自然生態　　□地理天文　　□有圖有文　　□真人真事
　　　請你自己寫：

　　　　根據個人資訊保護法，本公司不會外洩您的個人資料，你可以放心填寫。溝通，是為了讓互動更美好，在出版不景氣的時代，本公司相信唯有將書做得更好，並且真正對讀者有幫助，才是唯一的道路。好書、不僅能增加知識還必需能提高學習效率，讓思法與觀念深植人心。能有耐心看到這一行的您，恭喜，只要您填妥此表並傳真至 02-29352758 或郵寄至台北郵政 93-357 信箱，您將會得到本公司的精美筆記本一冊，請注意！僅限傳真或紙本郵寄方屬有效（因本公司須保留正本資料）但請千萬注意，姓名、電話、地址務必正確，才不會發生郵寄上的問題。還有，郵寄範圍僅限台澎金馬區域，不寄到國外，除非自己付郵資。

順頌　健康美麗又平安